偏向型技术进步
对我国劳动收入份额的影响研究

陶敏阳／著

中国财经出版传媒集团

经济科学出版社
Economic Science Press

图书在版编目（CIP）数据

偏向型技术进步对我国劳动收入份额的影响研究/陶敏阳著.
—北京：经济科学出版社，2019.7
ISBN 978 - 7 - 5218 - 0513 - 0

Ⅰ.①偏…　Ⅱ.①陶…　Ⅲ.①技术进步 - 影响 - 劳动报酬 -
研究 - 中国　Ⅳ.①F249.24

中国版本图书馆 CIP 数据核字（2019）第 083319 号

责任编辑：周国强
责任校对：杨　海
责任印制：邱　天

偏向型技术进步对我国劳动收入份额的影响研究

陶敏阳　著

经济科学出版社出版、发行　新华书店经销
社址：北京市海淀区阜成路甲 28 号　邮编：100142
总编部电话：010 - 88191217　发行部电话：010 - 88191522
网址：www. esp. com. cn
电子邮件：esp@ esp. com. cn
天猫网店：经济科学出版社旗舰店
网址：http://jjkxcbs. tmall. com
固安华明印业有限公司印装
710 × 1000　16 开　12.5 印张　210000 字
2019 年 7 月第 1 版　2019 年 7 月第 1 次印刷
ISBN 978 - 7 - 5218 - 0513 - 0　定价：68.00 元
（图书出现印装问题，本社负责调换。电话：010 - 88191510）
（版权所有　侵权必究　打击盗版　举报热线：010 - 88191661
QQ：2242791300　营销中心电话：010 - 88191537
电子邮箱：dbts@ esp. com. cn）

序　言

　　投入生产的要素分配所得是经济学理论的重大课题，并且具有极为现实的政策意义。近年来，随着经济全球化程度的提高，不但在国际范围内出现了劳动收入份额下降的现象，中国可能也不例外。经济快速发展的同时，中国国民的隐性和显性收入分配格局急剧变化，其中的劳动收入和资本报酬之间是否出现了严重扭曲乃至失衡，必然引起学术界和社会其他方面的广泛关注。因为，在政治体制改革严重滞后于经济体制改革，资本市场远不完善的中国，劳动收入份额指标可能与国民满意程度更为显著相关，如果劳动收入份额下降而资本收入份额上升，更容易被解释为资本挤占了劳动者收入，劳动者未能足够的享有改革开放带来的经济福利，在需求结构层面，制约消费的稳定扩张，抑制经济增长，阻碍我国经济的可持续发展。

　　改革开放 40 年来，我国劳动收入份额的演变具有明显的时变特征。1991 年以前，我国劳动收入份额处于上升趋势。1992 年正式确立社会主义市场经济体制的改革目标，改革开放步伐加快，我国的劳动收入份额也开始下降，但是在 2001 年前仍处于 59% 左右的水平。2001 年加入世界贸易组织以后，出现显著的下降，到 2007 年已经下降到 50%。可见，随着我国全球化步伐的加快，国外经济对我国影响巨大，在我国的收入分配方面同样得到反映，让学者很难忽视经济开放与劳动收入份额二者之间的关系，引发寻找现象背后原因的兴趣。细节在于，是经济开放因素直接导致了我国劳动收入份额的演变，还是由于经济开放诱致的某些因素影响了劳动收入份额？这些因素包括哪些，最主要的因素又是什么？

近年来，学者们逐渐意识到技术进步在收入份额中所起的作用。技术进步是生产率增长来源已形成广泛共识，但人们普遍只关注技术进步本身，却忽视了技术进步的偏向性可能导致的后果，而技术进步的偏向性非常可能非对称性地改变要素生产率及其收入分配结构。

针对劳动收入份额持续下降的现象，国外学者主要是从经济全球化因素、资本积累程度、产业结构变动、劳动者谈判力及技术进步几个方面展开研究。理论研究仍然以新古典框架为主；经验实证主要采用总体或行业劳动收入份额的分解和回归分析，来确定各种可能因素的影响方向和影响强度。国内研究在思路和方法上受到国外文献的显著影响，同时，强调一些具有中国特色的影响因素，如产业结构、制度改革、政府管制、国际贸易、资本偏向型技术进步等因素。总体看来，国外的研究对象和分析方法都更加注重发达国家的情况，对于处在转型期的发展中国家的特殊情况考虑得不够深入；国内针对我国特殊情况进行的专门研究还处于探索阶段，在理论探索上还不够深入，并且就经济开放条件下，我国劳动收入份额下降的根本原因没有达成一致共识。虽然现有研究普遍认为技术进步偏向资本，但就技术进步偏向性的测算方法仍然没有形成共识，并且缺乏对技术进步偏向产生根源的研究，也缺乏对我国技术进步偏向的区域及行业差异的研究。显然，陶敏阳博士已敏锐地观察到这些问题，在我国融入全球化经济的背景下，她对劳动收入份额决定机制和演变规律的进一步探索有助于从理论上厘清和回答这些问题。

在本书中，陶敏阳博士以偏向型技术进步作为研究切入点，目的在于考察我国国民收入分配格局变动的内在原因。核心问题在于：对外开放对技术进步偏向的影响，进而如何影响我国劳动收入份额的变动？陶敏阳的研究从全国、省际和行业三大层面以及开放、偏向型技术进步两大视角下展开，具体回答了以下三个问题：第一，改革开放以来我国要素间替代弹性及技术进步偏向度情况如何？第二，我国对外开放表现出什么样的特征？改革开放以来产品贸易结构、贸易对象国及外商直接投资（FDI）流向如何变化？第三，贸易产品结构、外商直接投资（FDI）流向如何通过技术进步偏向导致劳动收入份额的变动？

本书第 1 章为绪论，概括介绍研究背景及意义、研究内容、研究方法和数据，并指出创新之处；第 2 章是文献综述，对相关概念进行了界定，综合评述劳动收入份额研究的理论和实证进展、经济开放影响技术进步偏向的研究，及研究技术进步偏向影响要素收入份额的文献，并指出，技术进步偏向度的度量、对外开放对劳动收入份额的解释均有待进一步研究；然后，第 3 章至第 6 章围绕上述三个问题，通过构建模型、统计分析和实证分析，探寻对外开放条件下偏向型技术进步对劳动收入份额的影响机制；第 7 章为结论与政策建议，并给出了在本书的基础上进一步的研究方向。

本书旨在我国对外开放背景下，寻找引起技术进步偏向的根本原因，对已有研究成果进行系统梳理和完善补充，并在此基础上，探寻经济开放引致的偏向型技术进步对我国劳动收入份额影响的作用机理。作为陶敏阳博士学位论文的指导教师，我认为她在以下几个方面进行了卓有成效的研究，并贡献于读者：

第一，以改进的 H-O 模型为基础，内生化技术进步，扩展出要素富有弹性、缺乏替代弹性条件下贸易对技术进步的偏向性的影响，进而对劳动收入份额产生影响的理论模型。

第二，通过经验分析，确定我国要素替代弹性、贸易结构和利用外商直接投资情况，计算出技术进步偏度，分析技术进步偏向对劳动收入份额的影响，检验开放因素对技术进步偏向进而对劳动收入份额的作用，其中借鉴了国外最新研究成果，其与现有文献不同的是，在确定替代弹性的条件下，突出了在产品贸易结构、贸易对象国和外商直接投资来源地基础上的分析，从而提供了新的分析视角。

第三，分别从全国层面、省际区域层面、行业层面，并分阶段量化对外开放对技术进步的影响，进而是对我国劳动收入份额的影响，实现了微观分析和宏观分析的结合。

特向读者推荐这部优秀的作品。

张铁刚

2019 年 3 月于中央财经大学

目 录
CONTENTS

第 1 章

绪　论

1.1　研究背景及研究意义

1.1.1　研究背景

关于要素收入分配的研究历史悠久，虽几经浮沉，但从未终止。近年来，在学术界功能性收入分配的研究重新高涨，20 世纪 80 年代之后，发达国家尤其是欧洲国家的劳动收入比重出现了下降的趋势，布兰查德（Blanchard，1996）研究发现，欧洲大陆国家的资本份额从 80 年代早期开始上升，但在盎格鲁－撒克逊（Anglo－Saxon）国家并不明显，波特巴（Poterba，1997）研究美国的要素份额，发现虽然没有像欧洲那么明显，美国的劳动份额也出现了微小的下降。哈里森（Harrison，2002）发现大多数欧洲国家的劳动份额自 70 年代起急剧下降。古斯卡纳（Guscina，2006）发现 18 个经济合作与发展组织（OECD）国家从 70 年代末至 2000 年劳动份额下降了 5%。许多工业化国家经历了数以万计的岗位缺失，失业率达到了有史以来的最高水平（Smeeding & Thompson，2010）。近年来，国内学者研究发现我国的劳动份额也出现下降的趋势。

国内学者从不同角度对要素收入份额进行了研究,通过全国层面、省际层面以及产业数据对要素收入份额进行了测算,对要素收入向资本倾斜的趋势基本达成共识(钱震杰,2008;李稻葵等,2009)。卡尔多典型事实受到了实证观察的挑战,这一现象使得该领域又成为学者们研究的热门课题。而这些都是在经济全球化背景下发生的,伴随经济全球化而来的贸易开放程度增加,资本流动增强是否对劳动收入份额有负面作用呢?

从我国来看,改革开放40年来,我国劳动收入份额的演变具有明显的时变特征,这与我国的经济开放息息相关。1991年以前,我国劳动收入份额处于上升趋势,1992年我国正式确立社会主义市场经济体制,改革开放步伐加快,我国劳动收入份额也开始下降,但是在2001年前仍处于59%左右的水平,2001年我国加入世界贸易组织(WTO)以后,却出现了显著的下降,到2007年已经下降到50%。[①] 可见,随着我国全球化步伐的加快,外国给我国经济带来的影响是巨大的,对我国的收入分配也施加了某种力量。这也让学者很难忽视经济开放与劳动收入份额二者之间的关系,这种相关性也引发了对寻找现象背后原因的兴趣。那么问题是是经济开放因素直接导致了我国劳动收入份额的演变,还是由于经济开放诱致的某些因素影响了劳动收入份额?这些因素包括哪些,最主要的因素又是什么?近年来,学者们逐渐意识到技术进步在其中起的作用,技术进步是生产率增长来源已形成广泛共识,但人们普遍只关注技术进步本身,却忽视了技术进步的偏向性可能导致的后果,技术进步的偏向性正在非对称地改变要素生产率及其收入分配结构。

1.1.2 研究意义

近年来,学界已经对劳动收入份额下降达成共识,并就偏向型技术进步

---

① 《中国国内生产总值核算历史资料(1952 - 1995)》《中国国内生产总值核算历史资料(1996 - 2002)》《中国国内生产总值核算历史资料(1952 - 2004)》《中国经济普查年鉴(2004)》。

对劳动收入份额的影响有一定的理解和认识，随着技术进步研究的发展，并且经济全球化的深入，国际贸易、资本流动更加频繁，考察一国技术进步的偏向性，找出其根源，并从该视角分析对劳动收入份额作用的研究具有理论及现实意义。

1.1.2.1　理论意义

针对劳动收入份额持续下降的现象，国外学者从经济全球化因素、资本积累程度、产业结构变动、劳动者谈判力及技术进步几个方面展开研究。理论研究仍然以新古典框架为主；经验实证主要采用总体或行业劳动收入份额的分解和回归分析，来确定各种可能因素的影响方向和影响强度。国内研究在思路和方法上受到国外文献的显著影响，同时，也更加强调一些具有中国特色的影响因素，如产业结构、制度改革、政府管制、国际贸易、资本偏向型技术进步等因素，总体看来，国外的研究对象和分析方法都更加注重发达国家的情况，对于处在转型期的发展中国家的特殊情况考虑的不够深入。国内针对我国特殊情况进行的专门研究还处于探索阶段，在理论探索上还不够深入，并且就经济开放条件下，我国劳动收入份额下降的根本原因没有达成一致共识。虽然现有研究普遍认为技术进步偏向资本，但技术进步的偏向性测算方法仍然没有形成共识。并且缺乏对技术进步偏向产生根源的研究，也缺乏对我国偏向型技术进步的区域及行业差异的研究。因此，我国融入全球化经济的同时，对劳动收入份额决定机制和演变规律的进一步探索有助于从理论上厘清这些问题。本书旨在我国对外开放背景下，寻找引起技术进步偏向的根本原因，对已有研究成果进行系统梳理和完善补充，并在此基础上，探寻经济开放引致的偏向型技术进步对我国劳动收入份额下降的作用机理，具有一定的理论意义。

1.1.2.2　现实意义

劳动收入份额指标一定程度上体现了国民生活的幸福程度，如果劳动收入份额下降而资本收入份额上升，那么说明更多的资本挤占了劳动者收入，劳动者不能享受到改革开放带来的成果。更会使我国消费水平下降，造成我国消费不足的局面，使经济发展缺乏动力，制约我国经济的可持续发展（Kuijis，2006；Economists，2007；黄乾和魏下海，2010）。中共十八大报告继续强调："初次分配和再分配都要处理好效率和公平的关系，再分配更加注重公平"。而我国劳动收入份额下降的情况却与我们的意愿相悖，劳动收入份额继续降低，就会导致收入差距不断扩大，进而带来社会保障负担加重、劳资冲突等问题。

从整个经济体来看，在宏观上劳动收入份额是反映我国经济运行方式的重要指标。新常态下要实现中国经济增长方式转变，就要扩大内需，在内需中增加消费需求比重，主要是增加日常消费品需求。而根据消费理论，日常消费品的需求与收入密切相关。因此如果劳动者的收入能够合理地增加，必将极大刺激消费需求。反之如果社会财富都集中在少数人手里，由于这些人的日常消费需求早已饱和，因此财富集中只会降低日常消费品的总需求；而虽然富人的个人财富和人数的增加必定会增加奢侈品消费需求，但是一方面这种需求不属于正常需求，而且由于富人基数偏小，这种需求的增加还是难以拉动总需求。在理论上进一步理解劳动收入份额的决定机制及其演变规律，有助于从实践上寻找到更具操作性的应对措施，对增加劳动者所得，促进社会公平，解决上学难、看病难等社会问题，具有较强的实践意义。

1.2 研究内容

本书的研究共有七章，具体研究思路如图 1.1 所示。

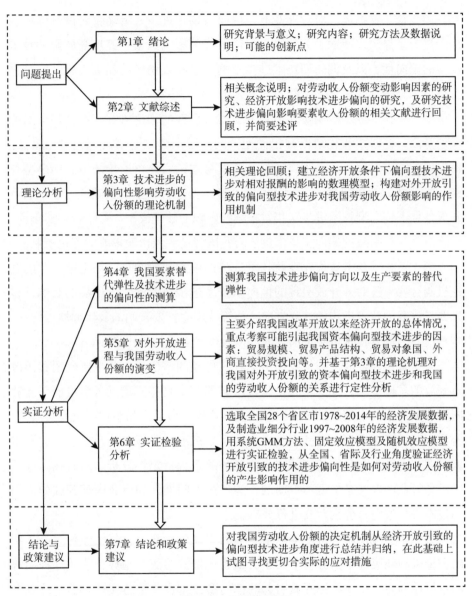

图 1.1　本书研究框架

第 1 章绪论。概括说明本书的研究背景及意义、研究内容、研究方法和数据，并指出本书可能的创新之处。

第 2 章文献综述。对对外开放、偏向型技术进步、劳动收入份额等相关概念进行了界定，回顾了劳动收入份额下降的影响因素、经济开放影响技术进步的偏向性，以及偏向型技术进步影响要素收入份额的相关文献，对其进行整理和分析，并对相关文献展开评述。

第 3 章技术进步的偏向性影响劳动收入份额的理论机制。本章是全书的理论基础，在回顾和总结现有相关理论的基础上建立全书的理论分析框架。首先回顾了古典贸易、新古典贸易及新贸易理论，分析了传统 H－O 模型与 S－S 模型，在吸收其所长并对其某些不足之处进行修正的基础上，建立经济开放条件下偏向型技术进步对相对报酬的影响的数理模型，并结合现实条件，构建对外开放引致的偏向型技术进步对我国劳动收入份额影响的理论机制。

第 4 章我国要素替代弹性及技术进步的偏向性的测算。基于第 3 章的理论机制，要考察对外开放引致的偏向型技术进步对劳动收入份额的影响，首先要考察我国技术进步的演变方向，估算我国生产要素间的替代弹性。因此，本章内容为测算技术进步偏向方向度以及生产要素的替代弹性。

第 5 章对外开放进程与我国劳动收入份额的演变。本章主要介绍我国改革开放的总体情况，及我国劳动收入份额的演变趋势。重点考察可能引起我国资本偏向型技术进步的开放因素：贸易规模、贸易产品结构、贸易对象国、外商直接投资投向等。并基于第 3 章的理论机理对我国对外开放引致的资本偏向型技术进步和我国的劳动收入份额的关系进行定性分析。同时我国各地区、各行业的发展是极度不平衡的，为考察不同地区和行业内部开放如何影响技术进步偏向，分别对其进行分析。

第 6 章实证检验分析。本章是本书的实证分析部分，其任务是对第 3 章的理论机制和第 5 章的分析中关于劳动收入份额的演变趋势和造成这种趋势的重要原因之一——经济开放引起的偏向型技术进步进行实证检验。选取全国 28 个省区市 1978～2014 年的经济发展数据，及制造业细分行业 1997～2008 年的经济发展数据，用系统 GMM 方法、固定效应模型及随机效应模型进行实证检验，从全国、省际及行业角度验证经济开放引致的偏向型技术进步是如何对劳动收入份额的产生影响作用的。

第 7 章结论和政策建议。本章是全书的总结，在前面各章研究的基础上对我国劳动收入份额的决定机制从经济开放引致的技术进步偏向角度进行总结并归纳劳动收入份额的走向，在此基础上试图寻找更切合实际的应对措施，从本书理论和经验分析的不足入手总结这个视角的研究可以进一步深化的方面。

1.3　研究方法和数据说明

1.3.1　研究方法

本书的研究方法总体上分为理论分析方法和经验分析方法。

本书在前人研究成果的基础上构建我国对外开放条件下偏向型技术进步对劳动收入份额决定及其演变的数理模型，然后对该模型背后的机制进行分析，建立解释这个数理模型的分析框架，并以这个框架作为全书的理论基础。

经验分析包括统计描述和计量分析。统计描述主要分析全国及各省区市、制造业等对外开放和相应劳动收入份额的演变趋势、特征等，以及资本与劳动相关统计数据反映出的问题。计量分析通过建立计量模型测算全国、各省区市、制造业细分行业的要素替代弹性及技术进步偏向度；用系统 GMM 方法、固定效应模型及随机效应模型方法对对外开放引致的偏向型技术进步对劳动收入份额的影响进行实证检验，寻找理论与数据的差异，解释原因并修正理论。

1.3.2　数据说明

本书采用的数据包括宏观数据和微观数据。

宏观数据方面，涉及不同层次对外开放数据来自国家统计局网站、商务部、《中国统计年鉴》和《中国对外经济贸易统计年鉴》，劳动收入份额相关数据来自相应的《中国统计年鉴》、各省历年统计年鉴以及《中国劳动统计年鉴》，技术进步相关数据来自《中国科技统计年鉴》。

微观数据主要来自中国工业企业数据库，该数据库目前已经包含了1998～2009 年的数据，但是2008 年、2009 年两年的数据质量相比前面十个年份有较大差距，故本书将其剔除。在保留下来的十年观察期中，有部分样本点的若干指标存在缺漏、异常值等问题，本书的处理办法是尽可能采用与其他数据来源对照、指标替代和一定的补漏方法尽可能修复数据缺陷，对于确实无法修复的观察值予以剔除，这样最终保留的全部样本点为 220 万个左右。

1.4 创 新 点

本书的创新点主要体现在以下几个方面：

首先，以改进的赫克歇尔—俄林理论（H-O 理论）为基础，内生化技术进步，扩展出要素富有弹性、缺乏替代弹性条件下贸易对技术进步的偏向性的影响，进而对劳动收入份额产生影响的理论模型。

其次，通过经验分析确定我国要素替代弹性、贸易结构和外商直接投资情况，计算出技术进步偏度，分析技术进步偏向对劳动收入份额的影响，检验开放因素对技术进步偏向进而对劳动收入份额的作用。与现有文献不同的是本书的上述分析是在确定替代弹性的条件下，并在突出产品贸易结构、贸易对象国和外商直接投资来源地的基础上加以分析，借鉴国外最新研究成果，提供了新的分析视角。

最后，本书分别从全国层面、省际区域层面、行业层面，并分阶段探讨经济开放对技术进步的影响，进而对劳动收入份额的影响，实现微观分析和宏观分析的结合。

第 2 章
文 献 综 述

探索对外开放影响技术进步偏向，进而影响要素收入份额的研究，涉及的文献主要有三个方面：劳动收入份额下降的影响因素、经济开放影响技术进步偏向性以及偏向型技术进步影响要素收入份额的相关文献，以下将对相关文献展开评述。

2.1 相关概念的界定

首先，需要对本书研究所要涉及的对外开放、偏向型技术进步、劳动收入份额等概念做一界定和说明。

2.1.1 对外开放

对外开放是指要大力发展和不断加强对外经济技术交流，积极参加国际交换和国际竞争，由封闭型经济转向开放型经济，以加速社会主义市场经济的建设步伐。本书研究的对外开放主要指国际贸易与资本流动两个方面，国际贸易考察进、出口的情况，资本流动主要考察利用外商直接投资的情况。

对外开放是我国一项长期的基本国策，具有重大的战略意义。邓小平指出："总结历史经验，中国长期处于停滞和落后状态的一个重要原因是闭关自守。经验证明，关起门来搞建设是不能成功的，中国的发展离不开世界。"[①] 1978 年 10 月，中共十一届三中全会召开前，邓小平同志提出要"实行开放政策"，并在倡导创办了厦门、汕头、珠海、深圳四个经济特区。此后，又先后开放了一系列沿海城市、对外开发区、经济特区、对外开放区、沿海对外开放区等等。形成了全方位、多层次的外开放格局。改革开放以来的实践证明，通过对外开放，可以引进国外先进技术、共享国内市场资源、促进我国经济快速发展。因此，实行对外开放政策，对于推动和促进我国社会主义现代化发展具有重要的意义。

2.1.2 偏向型技术进步

1932 年希克斯（Hicks）在《工资理论》中把技术进步分成三大类。第一类是中性技术进步：资本—劳动比不变，劳动与资本的边际生产率同比例增长；第二类是资本节约型（capital-saving）或劳动使用型（labor-using）：资本—劳动比不变，劳动要素边际生产率提高大于资本边际生产率提高；第三类是劳动节约型（labor-saving）或资本使用型（capital-using）：资本—劳动比不变，资本边际生产率比劳动边际生产率提高要快。

哈罗德技术进步是假设资本边际生产率不变，即利润率不变的情况下，技术进步发生后。第一类：若资本—产出比不变，技术进步属于中性技术进步；第二类：如果资本—产出比上升，技术进步为劳动节约型技术进步；第三类：若资本—产出比下降，技术进步是资本节约型。

与哈罗德技术进步相对应，索罗技术进步定义为：假设劳动边际生产率不变，即工资率不变的情况下，技术进步发生后，若劳动—产出比不变，是中性技术进步；若劳动—产出比下降，就是劳动节约型技术进步；如果劳动—产出比上升，就是资本节约型技术进步。

---

① 邓小平. 邓小平文选（第三卷）[M]. 北京：人民出版社，2001.

以上三种定义的对比如表 2.1 所示。

表 2.1 　　　　　　　　　　　　技术进步偏向定义

项目	希克斯	哈罗德	索罗
前提假设	资本劳动比（K/L）不变	资本产出比（K/Y）不变	劳动产出比（L/Y）不变
中性技术进步	资本与劳动边际产出之比不变	资本边际产出不变	劳动边际产出不变
资本节约型技术进步	资本与劳动边际产出之比上升	资本边际产出上升	劳动边际产出下降
劳动节约型技术进步	资本与劳动边际产出之比下降	资本边际产出下降	劳动边际产出上升

可见三种定义都认为：中性技术进步不改变工资与利润在总收入中的比例；资本节约型技术进步使利润比例下降，工资比例上升；劳动节约型技术进步会使利润比例上升，工资比例下降。

阿西莫格鲁（Acemoglu，2002）进一步明确了技术进步的偏向性的定义：技术进步是非中性的，技术体现在资本与劳动等生产要素当中，技术进步引致的资本边际产出的增长及劳动边际产出的增长并不同步，也很难同步，如果技术进步使其中一种要素边际产出增长相对更多，则称技术进步偏向该要素。技术进步偏向性分为两类，要素偏向型技术进步和要素增强型技术进步，前者改变生产要素的边际产出之比，后者改变生产要素的生产效率。从要素偏向型技术进步来看，边际产出的提高与增强型技术进步和要素间的替代弹性有关。它反映了技术进步对要素间边际替代率的影响，若技术进步使要素边际替代率比要素有更大的提高，那么技术进步是偏向要素的。阿西莫格鲁还指出，如果要素间是互补的，则要素增强型技术进步没有偏向该要素。若要素间是相互替代的，则要素增强型技术进步也是偏向该要素。

另外，需要说明的是，在考察技术进步偏向时，需要厘清技术进步的技能偏向型技术进步与非技能偏向型技术进步、劳动偏向型技术进步以及资本偏向型技术进步之间的关系，这也是厘清本书思路的重要一点。本书沿用张莉等（2009）的观点，劳动偏向型和资本偏向型是相对劳动和资本两种投入要素而言，而技能偏向是相对劳动力可分为非熟练劳动力和熟练劳动力而言，发展中国家的技能偏向应归结到资本有偏。甘西娅和兹利博蒂（Gancia & Zilibotti，2006）认为，从微观角度而言，经济的微观主体是大量的企业，企业为企业的投资人所有，无论是具有一定技能的熟练劳动力，还是不具备技能的非熟练劳动力都是由企业所雇用而从事劳动，新技术的发明人得到的报酬只是技术创新收入的一定比例，企业扣除提供给劳动者的报酬，剩余的都是资本回报由投资人所有。因此，本书的技术进步偏向分为劳动偏向型技术进步与资本偏向型技术进步。

2.1.3　劳动收入份额

劳动收入份额的测算可以从国民经济核算体系（system of national accounts，SNA）中的收入法 GDP 获得。收入法是从生产过程形成收入的角度，对常驻单位的生产活动成果进行核算，劳动者报酬、生产税净额、固定资产折旧和营业盈余四部分组成了国民经济各产业部门的增加值。国民经济各产业部门收入法增加值之和等于收入法国内生产总值。但是，戈姆和鲁伯特（Gomme & Rupert，2004）认为国民经济核算体系没有严格按照要素收入的归属情况来划分，其中的生产税净额是劳动和资本之外的"楔子"，不属于劳动收入也不属于资本收入，计算劳动收入份额和资本收入份额时应该剔除生产净税额的影响。若把国民收入分配格局认定为资本要素和劳动要素对最终成果的分配，剔除生产净税额影响后，资本收入份额为劳动收入份额的镜像，即"1 - 劳动收入份额"，准确衡量劳动收入份额意味着资本收入份额的确定。本书在测算劳动收入份额时，直接将生产税净额从 GDP 中扣除。具体的计算过程为：令 Y_L 为劳动要素收入，Y_K 为资本要素收入，Y_T 为政府部门征收的生产税净额，总收入 Y 为三者之和，则劳动收入份额为：

$$\alpha_L = \frac{Y_L}{Y - Y_T}$$

罗长远和张军（2009b）、白重恩和钱震杰（2009）在测算劳动收入份额时也剔除生产税净额的影响，周明海（2011）也剔除了生产净税额的影响，并对剔除前后劳动收入份额进行比较，发现剔除"楔子"影响后，劳动收入份额的下降从未调整前的 1995 年推迟到调整后的 1998 年，即 GDP 中的生产税净额，会高估劳动收入份额的下降幅度。

因此，为更加准确度量劳动收入份额，本书利用上述公式，剔除生产净税额影响来估算我国改革开放前后的劳动收入份额及资本收入份额。

2.2 劳动收入份额变动影响因素的研究

目前关于劳动收入份额并非稳定不变的事实，国内外学者已基本达成一致，相关文献的重点在于分析影响劳动收入份额变动的原因。国外学者将影响因素主要归结为下述五个方面：

第一，资本积累程度。邦托利拉和圣保罗（Bentolila & Saint-Paul，2003）对经济合作与发展组织国家进行了研究，资本和劳动是相互替代的，资本产出比及全要素劳动生产率对劳动收入份额有显著的负向作用。卡拉巴波尼斯和尼曼（Karabarbounis & Neiman，2014）建立了一个资本产出比与劳动收入份额的数理模型，认为资本产出比通过数量和价格来影响劳动收入份额，两者的作用力大小取决于要素替代弹性，并采用经济合作与发展组织国家和美国的数据进行了实证检验，得到了证实。

第二，产业结构变动。较多的学者从产业结构变动角度来解释劳动收入份额的演变，索洛（Solow，1958）提出的结构分解法，将劳动收入分解为不同产业间的变化及同一产业内部的变化两方面。该方法常被借鉴用来分析因产业结构变化导致的劳动收入份额变化，例如，杨格（Young，2005）、莫雷尔（Morel，2005）、博俊和鲁伊斯（Boldrin & Ruiz，2006）等学者基于索洛的研究方法对产业结构变化与劳动收入份额进行研究，得出共同的结论：劳动收入份额演变的重要原因之一是产业结构的转型与升级。托米·基耶拉和米卡·米利兰塔（Tomi Kyyra & Mika Maliranta，2008）研究表明，大部分欧洲大陆和北欧国家20世纪90年代以来劳动收入份额出现下降，其最主要的原因是资源在企业之间的重新分配，即是由于具有较低劳动收入份额的企业所占的比重上升的原因。

第三，经济全球化因素。随着经济全球化的到来，加快了资本在国际间的流动，发达国家在发展中国家进行投资，利用其廉价劳动力。迪克鲁斯和马雷克（Decreuse & Maarek，2008）认为外商直接投资对劳动收入份额存在两个方向的作用：一方面，外资企业技术效应使得东道国企业的劳动生产率提高，从而降低劳动者的工资收入；另一方面，外资企业进入东道国，与本土企业形成雇佣劳动力的竞争关系，增加了劳动力的需求，从而有利于劳动收入份额的提升。伊萨克·迪旺（Ishac Diwan，1999）研究认为经济危机对劳动收入份额变动的影响，以劳动收入份额占GDP的比重为度量值。金融危机之后，劳动收入份额占比急剧下降，经济出现部分恢复。劳动收入份额与经济危机显著负相关，其传导机制是由于经济危机产生，导致货币持有量下降，穷人面临更大程度的交易成本，即收入损失更大进而使劳动收入份额下降。哈里森（Harrison，2002）通过一个不完全竞争的框架研究全球化是如何影响劳动收入份额的，厂商和工人对超额利润进行讨价还价，谁的议价能力强谁就获得更多的利润份额。而议价能力受到重置成本的影响，由于工人的重置成本比资本的重置成本要高，导致资本相对于劳动有更强的讨价还价能力，使其在GDP中的份额要高。同时他认为全球化因素中汇率危机对劳动收入份额有负向作用，即劳动比资金承受更大的压力；贸易及外商直接投资的作用也是负向的，而与政府管制有正向的作用。迪旺（Diwan，2001）认为资本要素与劳动要素跨国流动并不对称，劳动力市场存在更大的摩擦使劳动者在谈判中处于劣势，进而收入份额也更低。威廉·米尔贝格和德博拉·温克勒（William Milberg & Deborah Winkler，2010）认为全球化对劳动收入份额具有负面影响，国家的保护政策能够有效提高劳动收入份额。彼得·J.斯托弗曼（Peter J. Stauvermann，2013）认为资本账户开放增强了资本讨价还价的能力进而降低劳动份额。达里奥·朱兹克和赫克特·萨拉（Dario Judzik & Hector Sala，2013）认为经济开放削弱了劳动者讨价还价的能力。但也有人认为贸易自由化提高了劳动收入份额，例如，黄先海、徐圣和陆菁（Xianhai Huang，Sheng Xu & Jing Lu，2011）。

第四，劳动力谈判能力。劳动收入份额的高低与劳动者的谈判能力成正比，谈判力强劳动收入份额就高，反之，谈判力弱其收入份额就低。克拉伯格等（Kalleberg et al.，1984）对 1946～1978 年的出版业进行了考察，发现劳动收入份额增加源于雇员权利的提升，而雇主权利下降则降低其收入。乌亚马里奥利等（Uiammarioli et al.，2002）对欧美国家 1960～1998 年的劳动收入占比情况进行了研究，认为诸如就业保护法等有利于劳动者的相关制度因素会提高劳动收入份额。布兰查德和乌亚瓦兹（Blanchard & Uia-vazzi，2003）则从劳动力供求市场角度分析，认为工会与厂商的谈判能力决定了劳动力的价格，如果劳动力市场供不应求，会使厂商在谈判中处于弱势，劳动者工资上升，相反，如果厂商的垄断程度较高，会使劳动力在谈判中处于弱势，劳动者收入就会下降。

第五，技术进步。早在 1956 年，索洛就提出劳动收入份额变化的一个重要原因是技术进步的发生，而技术进步并非是无偏的，其偏向会对劳动收入份额产生重要影响。但他没有对技术进步偏向的作用进行实证分析。格雷格和曼宁（Gregg & Manning，1997）关注到经济合作与发展组织等资本主义国家的失业现象越来越严重，工资不平等现象突出，非技能劳动者经济地位恶化。并利用欧洲和美国的数据进行实证检验，分析了相对需求和非技能型劳动的关系，认为技能供给对长期劳动力市场的回报起决定性作用。许多学者对技术进步偏向进行了测算，例如，大卫和克伦德特（David & Van de Klundert，1965）、阿西莫格鲁（Acemoglu，2000）、克伦普等（Klump et al.，2007）以及萨特和莫里塔（Sat & Morita，2009）等研究认为发达国家如美国、日本及欧元区国家的技术进步都是偏向于资本的。苏莱塔（Zuleta，2008）研究表明资本要素丰裕的国家更倾向于使用资本偏向型技术进步，发展资本密集型产业。阿西莫格鲁（Acemoglu，2007）研究认为，由于一种要素供给增加会激发使这种要素提高边际产出的技术进步，在要素按边际产出支付报酬的情况下，资本偏向型技术进步必然会提高资本的收入份额。

关于要素收入份额及其影响因素的研究，国内起步较晚，主要集中在20世纪90年代之后，重点从产业结构、制度改革、对外贸易及资本偏向型技术进步等因素进行研究。

第一，产业结构。李稻葵等（2009）认为产业结构调整时，资本要素流动的摩擦力小于劳动要素，使得劳动报酬低于其边际产出。随着经济发展水平的提升，劳动力在部门间的转移逐步完成，所以劳动收入份额与人均GDP之间呈U型规律。白重恩和钱震杰（2009）认为，产业结构转型是影响要素收入份额的重要因素，当产业结构由农业主导过渡到工业主导时，劳动收入份额会下降，而第三产业主导时，劳动收入份额又会出现上升。龚刚等（2010）研究均发现，我国劳动收入份额下降的重要原因是经济体从农业部门向非农业部门的转型。罗长远和张军（2009a）认为产业结构变动——第一产业的比重降低，使劳动收入占比下降。郭晗等（2011）认为产业结构的变动是劳动份额变化的重要原因。张琪等（2012）研究认为人均资本存量、产业产值比以及财政收入因素与劳动收入份额呈负相关关系。

第二，制度改革、政府管制。白重恩和钱震杰（2008）利用中国工业部门数据进行研究，导致我国工业部门劳动收入份额下降的主要原因是市场垄断力量的增强及国有企业改革，前者对劳动收入份额下降的贡献度为30%，后者为60%。罗长远和张军（2009a）研究认为在招商引资过程中，劳动力谈判力量被政府招标制度弱化了，从而降低了劳动收入分配地位。杨俊等（2010）研究了地方政府赶超行为因素，发现当下以GDP为主要指标的考核制度，使地方政府出现赶超行为，从而对劳动收入份额产生显著的副作用。

第三，国际贸易因素。肖文和周明海（2010）分别考察了进口渗透率和出口依存度对劳动收入份额的不同影响。唐东波（2011）用后凯恩斯模型进行分析，发现外商直接投资、人民币汇率对我国劳动收入份额有负向作用，而财政支出增加、贸易规模扩大以及资本深化对我国劳动收入份额有正向的作用。黄先海、徐圣和陆菁（Xianhai Huang, Sheng Xu & Jing Lu, 2011）认为贸易自由化提高了劳动收入份额。张杰（2012）认为出口显著降低了中国劳动收入份额，特别是在民营和港澳台资企业中。赵秋运、魏下海和张建武（2012）也认为是国际贸易压低了中国劳动收入份额。

第四，资本偏向型技术进步。黄先海和徐圣（2009）研究认为 20 世纪 90 年代以来我国劳动收入份额的下降与技术进步的偏向性有关。戴天仕等（2010）认为我国技术进步整体上是资本偏向型的。王林辉等（2012）认为要素稀缺性及其生产率会影响技术进步的偏向，同时技术进步的偏向也会影响要素收入的分配。董直庆等（2013）验证了我国资本偏向型技术进步是我国劳动收入份额下降的主要原因。同时，罗长远（2008）认为，由于技术进步本身的内生性，技术进步的偏向性对劳动收入份额下降的解释力不够，应深入分析技术进步偏向产生的根源，及其对劳动收入份额作用的机理。

学者们也从其他许多方面来探讨劳动收入份额变动的原因，例如，姜磊和张媛（2008）、张杰等（2008）、宁光杰（2013）等认为中国劳动力供给过剩是目前我国劳动份额下降的重要原因。顾乃华（2010）、白重恩等（2008）、宁光杰（2013）、张杰和黄泰岩（2010）、王丹枫（2011）等认为中国劳动者组织程度低、资本强势地位导致的劳动者讨价还价能力偏弱是劳动份额偏低的重要原因。魏下海、董志强和赵秋运（2012）认为人口老龄化和少儿抚养比下降是中国劳动收入份额下降的重要原因。卓勇良（2007）、张杰等（2008）认为重资轻劳和城市偏向的政策导向是我国目前劳动份额偏低的重要原因。

2.3 对外开放对技术进步的偏向性的影响研究

较多学者认为，经济开放会促进一国技术进步的发生，并对经济增长有重要影响，开放程度越高越有利于技术进步的发生，并主要从模仿学习效应、国际竞争效应等方面来实现对技术进步的促进作用。例如，芬德利（Findlay, 1978）首次提出的"传染理论"，干中学会导致技术转移，开放程度越高的国家，越容易通过对外贸易来学习先进的技术。克鲁格曼（Krugman，1979）认为对外贸易对一国技术进步和经济增长的作用是源于贸易带来的规模经济。罗默（Romer，1992）认为贸易开放程度越高，越有优势吸收来自发达国家的先进技术。庄（Chuang，1998）表明，先进技术的学习与模仿的主要来源是进出口贸易，出口贸易与进口贸易的相互作用能强化学习的效果，并且贸易的商品结构对技术学习有重要影响。范艾肯（Van Elkan，1996）通过对南北方国家的研究，表明欠发达地区国家通过对发达地区国家技术的引进，并在此基础上进行创新来提升技术水平。科埃、赫尔普曼和豪夫曼斯特（Coe，Helpman & Hoffmaister，1997）用77个发展中国家的数据进行分析，表明发展中国家是通过进口贸易学习了发达国家的先进技术。从竞争视角来看，梅里兹（Melitz，2002）表明，有效率企业会因国际竞争促进技术进步，无效率企业会因竞争而被淘汰。布鲁姆（Bloom，2009）研究了我国与发达国家的贸易情况，表明我国国内企业由于外来进口产品带来的竞争，促使企业技术升级，技术密集企业就业增长，同时，他表明发达国家与低收入国家间的贸易往来，对发达国家的技术进步也有促进作用。对于经济开放对技术进步与一国经济增长的作用，学者们基本上达成共识。

然而技术进步的发生并非是中性，在贸易过程中，技术进步会产生不同的偏向，希克斯（1932）是最早对偏向型技术创新进行研究的经济学家，他在《工资理论》中提出了技术进步的偏向性的内生化，他表示："生产要素的相对价格变化本身就能刺激创新，也就是对特定类型技术发明——偏向于节约使用已经变得相对昂贵要素的技术发明的激发动力。要区分两种创新，我们必须关注那种因为相对要素价格变动导致的创新；我们把它叫作'被诱导的'创新，另一种我们叫作'自发的'创新。"之后，在20世纪60年代有众多学者对引致技术进步进行了研究，试图把希克斯的想法理论化，例如，肯尼迪（Kennedy，1964）及萨缪尔森（Samuelson，1965）构建了一个模型，存在一个创新可能性边界，描述了劳动节约型与资本节约型创新之间的均衡。

费尔纳（Fellner，1961）表明，由于劳动力对工资的期望逐渐提高

（事实上也是这样），技术进步更有可能偏向于资本，即劳动力对工资期望逐渐提高，劳动要素价格会增加，企业为了节约成本，倾向于选择节约劳动的技术。肯尼迪（Kennedy，1964）认为即使要素相对价格不变，诱致技术进步仍然会发生。要素收入份额不变、技术升级能力也不变，企业为了节约生产成本，仍然会选择节约生产中比重较大要素的偏向型技术，进而这种偏向型技术改变了要素分配所占份额。同时，肯尼迪认为长期均衡下，技术进步是劳动节约型的，要素价格变动长期来看对要素收入份额没有影响。萨缪尔森（Samuelson，1965）的研究，同样认为技术进步是偏向于劳动节约型的。

但是，诺德豪斯（Nordhars，1973）以及本斯瓦格（Binswanger，1978）都指出，以上论述都缺乏微观基础，对于技术进步的偏向性并没有引起广泛的研究。到了 20 世纪 90 年代，随着技术进步内生化增长理论的出现，才重新引起了学者们对技术进步的要素偏向性问题的研究兴趣。例如，芬克（Funk，2002）和阿西莫格鲁（Acemoglu，1998，2002）都尝试构建偏向型技术进步内生化模型。而这方面的研究主要以阿西莫格鲁为代表，在内生经济增长理论的框架下，这些研究从厂商的视角探讨了创新产品的市场规模，以及要素的价格对技术进步方向的影响机制。结果表明：由于稀缺要素的生产成本更高，市场规模效应会引起技术进步偏向于相对丰裕的生产要素，价格效应会引起技术进步偏向于相对稀缺的生产要素，市场规模效应和价格效应共同决定了技术进步的方向。从而为技术进步的偏向性的研究提供了微观基础。

从经济开放对技术进步的偏向性研究来看，阿西莫格鲁指出，经济全球化和国际贸易并非直接作用于劳动收入份额的下降，而是由于对外贸易引致了技术进步方向的改变，进而影响了劳动收入份额。要素边际生产率决定了要素的报酬，而技术进步就是通过改变要素生产率，影响了要素的收入份额。换句话说，就是经济开放通过其引致的偏向型技术进步来改变劳动收入份额的改变。下文将对关于经济开放对技术进步的偏向的影响进行分析。

2.3.1　关于技术进步的偏向性的事实

2.3.1.1　关于要素替代弹性

要判断技术进步的偏向，就要先了解要素间的替代弹性。希克斯（Hicks，1932）最早提出了生产要素间的"替代弹性"，替代弹性是指两种要素投入比的变化率和两种要素相对价格变化率的比值。它反映了一个经济体中要素相对价格改变对生产要素配置的影响。两种生产要素间是替代关系，则替代弹性大于1；两种要素间是互补关系，则替代弹性小于1。

随着理论研究的逐渐深入，在经验研究中需要利用现实数据对替代弹性进行估计。对替代弹性估计研究的兴起，源于1961年阿罗等（Arrow et al.，1961）导出了 CES 生产函数，并迅速积累了大量文献。国外的研究起步较早，多以一般要素增强型 CES 生产函数估计替代弹性，美国及其他发达地区国家，从国民经济层面以这种方法计算的替代弹性显著小于1，且资本偏向型技术进步占主导地位。从微观层面估算替代弹性的研究也较多，奇林科（Chirinko，2002，2008）利用企业数据测算美国的替代弹性，大约在0.4～0.6之间；巴恩斯等（Barnes et al.，2008）利用英国三十年四百个企业的面板数据，放松了规模报酬不变的假设，估计得到替代弹性值为0.4；杨格（Young，2013）估算了美国1960～2005年服务业替代弹性为0.26～0.42，制造业行业为0.24～0.32，且其正规化 CES 生产函数和非正规化 CES 生产函数测算结果都显著小于1。

在国内关于替代弹性也逐渐引起学者们的关注。张明海（2002）采用希克斯中性技术假定，估算1952～1992年我国替代弹性为0.466，1993～1999年上升为1.466，但其数据处理相对简单，估计结果可能会出现偏差。陈晓玲等（2012）运用省际数据测算了我国1978～2008年各省区市的替代弹性，表明各省区市替代弹性均值小于为0.83；各省区市替代弹性值在0.126～2.28之间，且东部沿海地区替代弹性大于1的较多，明确支持德拉格兰德维尔（De La Grandville）假说，替代弹性对经济增长有促进的作用。戴天仕和徐现祥（2010）采用基于要素增强型 CES 生产函数的正规化供给面系统方法，测算了我国 1978～2005 年的替代弹性为 0.736。郝枫（2013）基于省际面板数据，采用成本最小化方法估算出我国 1978～2005 年全国层面替代弹性为 0.233，第一产业估计值为 0.057，第二产业为 0.159，第三产业为 0.106，远低于长期均衡值（分别为 1.15、1.44、0.98、1.26）。雷钦礼（2013）以全国数据估算了我国 1990～2011 年替代弹性，采用的方法是利用利润最大化方法，估计值为 0.38。陆雪琴等（2013）基于中国 1978～2011 年时间序列数据估算了要素替代弹性，结果表明资本与劳动的替代弹性约为 0.78。钟世川（2014）估算了 1979～2011 年我国工业部门各行业的替代弹性，采用的方法是柯门塔（Kmenta）近似估计方法，测算结果为大多数行业的要素替代弹性是大于 0 小于 1 的，整个工业的替代弹性为 0.475。

以上研究表明，替代弹性表现出一定的区域行业差异，并具有一定的时变特征，但从我国来看，基于一般要素增强型 CES 生产函数，我国的替代弹性值在 0～1 之间。

2.3.1.2 技术进步偏向的测度

对于技术进步偏向度的测算，国内外积累了丰富研究，克伦普等（Klump et al.，2007）估算了美国 1953～1998 年的劳动增强型和资本增强型技术进步的模式和速率，他们采用的是基于规格化了具有要素增强型技术进步的 CES 生产函数的计量模型，但该方法只适用于较长时段样本期内的整体测算。萨特和莫里塔（Sat & Morita，2009）测算了 1960～2004 年美国和日本的劳动增强型和资本增强型技术进步速率，并分析了劳动资本增强型技术进步对经济增长的作用，同时对两国的情况进行了比较分析。他们采用的是由指数方法推导的测算要素增强型技术进步速率的方法，但是该方法没有考虑政府税收的影响，并且，首先假设希克斯中性技术进步来测算要素替代弹性，却用其代替具有技术进步偏向的替代弹性，前后逻辑不一致，导致测算结果可能出现偏差。从实证研究来看，现有实证文献已经验证了技术进步偏向的存在，最早对技术进步偏向进行实证分析的是布朗和德卡尼（Brown & De Cani，1963），他们用1890～1958年的数据测算美国的要素替代弹性，其估计值为0.44，并且技术进步是资本偏向性的。大卫和克伦德特（David & van de Klundert，1965）以CES函数为基础对美国1899～1960年数据进行测算，得出美国技术进步总体上是劳动节约型的。另外，里帕蒂和维尔穆宁（Ripatti & Vilmunen，2001）对芬兰的估计、麦克亚当和威尔曼（McAdam & Willman，2008）对欧元区的估计结果都表明技术进步是资本偏向型的。

相对而言，对发展中国家技术进步偏向的研究相对较少些，国内的研究起步也稍晚，陆雪琴等（2013）基于中国1978～2011年时间序列数据同时估算了要素替代弹性、计算了希克斯技术进步偏向和哈罗德技术进步偏向，结果表明：替代弹性大概为0.78，资本与劳动互补；劳动生产效率上升而资本生产效率有所下降；希克斯技术进步和哈罗德技术进步大体上都是资本偏向的。雷钦礼（2013）对我国1991～2011年来技术进步偏向的进行测算，结果表明样本期内我国资本的生产效率总体上逐年下降，而劳动的生产效率是逐年上升的，技术进步表现为劳动节约。宋冬林等（2010）利用状态空间模型，发现技术进步产生技能溢价使技能劳动需求上升，而且高科技产业资本投入增长引发偏向型技术进步。

2.3.2 技术进步偏向的原因探讨

研究偏向型技术进步变化来源的文献较少，但是找到偏向型技术进步的来源可能更为重要（Acemoglu，2002），总体来看，主要从基于封闭经济和基于开放经济两个不同视角来探讨技术进步偏向产生的原因。

（1）基于封闭经济视角。阿西莫格鲁（Acemoglu，1998）以及基利（Kiley，1999）指出当相对熟练工人供应增加时，偏向型技术进步便会发生。并认为美国20世纪70年代大学毕业劳动力人数的大幅增加导致了80年代工资不平等现象的上升。阿西莫格鲁（Acemoglu，2002）指出，替代弹性的大小决定了技术进步偏向对劳动收入份额的影响。阿西莫格鲁的研究认为技术进步会朝着创新利润更高的部门发展，决定对技术进步偏向的有两个关键点，替代弹性决定了两种力量的大小：一种，是价格效应，鼓励发明生产更贵的产品需要用到的技术，也就是为了达到节约要素投入成本的目的，在要素的边际产出等于边际成本的假设下，促使发明使用价格更高的要素的技术。另一种，是市场规模效应，鼓励发明使用范围更广的技术，为了达到最大化产出的目的，使用更充裕要素的技术。当替代弹性小时，稀缺的要素价格增高，价格效应大于市场规模效应；当替代弹性大于 1 时，市场规模效应大于价格效应。即要素价格和要素充裕度共同决定了技术进步的方向。该思想也奠定了探索技术进步方向产生原因的研究基础。

（2）基于开放经济视角。随着经济全球化的到来，各国间的经济往来越来越密切。国际间的贸易与资本流动是经济开放的主要表现，但两者对于发展中国家和发达国家的影响是不同。芬斯特拉和汉森（Feenstra & Hanson，1996）认为，根据赫克歇尔—俄林理论（H - O 理论），国际贸易发生之后，发展中国家出口非技能型劳动力生产的产品、进口技能型劳动力生产的产品，而发达国家则相反，这会对不同发达程度的国家的工资结构、工资差异产生不同的影响。一些学者认为技能偏向型技术进步使发展中国家对技能型劳动力的需求增加，进而影响整体劳动收入份额。从资本来看，经济开放后，流动性增强，一方面，扩大了市场范围，获得更高利润，另一方面，外商直接投资带来的技术溢出效应，促进技术转移到发展中国家，扩大了技术创新的市场。可见国际贸易和资本流动对要素市场数量及价格产生影响，进而影响各国间的技术进步偏向。

国际贸易方面，伍德（Wood，1994）提出了国际贸易对技术进步及其偏向存在影响。伍德（Wood，1995）分析南北方制造业贸易，认为在北方熟练劳动力从贸易中获得较大利益，在南方非熟练劳动力在贸易中获得较大的利益。徐（Xu，2001）构建了内生化技术进步的模型，在替代弹性大于 1 的情况下，国际贸易改变不同要素互补的研发动机进而影响技术进步偏向。托尼格和维尔迪耶（Thoenig & Verdier，2003）研究发现，在国际贸易中，由于市场竞争的原因，导致发展中国家出现技能偏向型技术进步，增加对技能型劳动力的需求。阿西莫格鲁（Acemoglu，2003）认为技能溢价和贸易有关，国际贸易使技术进步偏向技能劳动力，进而影响技能型与非技能型劳动力的收入差距。戈尔格和斯特罗布（Gorg & Strobl，2001）对加纳进口机械设备的影响进行研究，发现其会引致技能偏向型技术进步。布雷蒂（Bratti，2004）全球化对国际间产品需求结构、劳动力分工产生了影响，发达国家由于高技术产品产出增加的需要，对熟练劳动力的需求有所增加，进而提高了熟练劳动力的相收入。阿西莫格鲁（Acemoglu，2012）的研究认为离岸外包对技能型偏向型技术进步和非技能型偏向型技术进步都有影响。拉特斯蒂克和斯托克（Rattsti & Stokke，2013）认为国际贸易使得南非产生了技能偏向型技术进步。

我国对偏向型技术进步的研究起步较晚。张莉等（2009）研究认为进出口对不同发达程度的国家产生不同影响。对于发达国家，出口使技术进步偏向资本，进口使技术进步偏向劳动；对于发展中国家，出口导致资本偏向型技术进步，而进口的作用不显著。宋冬林、王林辉和董直庆（2010）通过实证分析认为我国存在技术进步偏向性，且是技能偏向型技术进步。董直庆和戴杰（2012）研究认为我国技术进步偏向于劳动，是因为我国的出口产品以劳动密集型产品为主，那么随着我国外贸依赖度增加，技术进步偏向于劳动。而张莉、李捷瑜和徐现祥（2012）指出发展中国家技能偏向型的技术进步应归结为资本偏向型技术进步，认为贸易导致发展中国家的资本偏向型技术进步。

资本流动对技术进步的偏向性影响方面的文献较少，而较多集中在从不同角度探讨外商直接投资对技术进步整体的影响。巴伦和佩（Barren & Pain，1997）通过对德国和英国进行实证估计，认为外商直接投资对一国的技术进步有显著的正向作用。芬德利（Findlay，1978）、布罗斯多姆等（Blomstrom et al.，1999）、萨吉（Saggi，2000）认为东道国企业会通过模仿来学习国外企业的先进技术，技术进步存在示范学习效应。帕克和萨吉（Pack & Saggi，1999）认为国外企业与前后产业间的联系促进了产业间的技术进步，技术进步存在垂直溢出效应。巴约尔等（Bayoumi et al.，1999）认为由于外资企业进入对当地企业产生竞争效应，进而促使其进行技术改进，外商直接投资有竞争效应。科考（Kokko，1992）、木下（Kinoshita，2000）认为由于外资企业熟练劳动力在当地的流动，先进技术在当地企业得到应用，即技术进步有劳动力流动效应。迪克鲁斯和马雷克（Decreuse & Maarek，2008）研究了外商直接投资及金融开放对当地劳动收入份额的影响，技术进步存在正的溢出效应和负的溢出效应，总体来说外商直接投资对东道国的劳动收入份额起负向的作用。尹今格和雷钦礼（2015）利用我国工业行业国内研发及进口、出口、FDI 数据进行研究表明国内研发和对外开放均对技术进步偏向产生了不可小觑的影响。他认为国内研发、出口和利用外商直接投资使得技术进步偏向资本，且国内研发对技术进步偏向的作用远大于出口和外商直接投资，但是进口对技术进步偏向的影响不显著。

2.4 技术进步的偏向性对劳动收入份额的影响研究

由于技术进步决定要素生产率进而会影响要素收入分配，再加上技术的发展并非表现为无偏性，偏向型技术进步（包括资本偏向型技术进步和技能偏向型技术进步），会加剧要素收入份额不平等，扩大收入差距，因此要素收入分配应考察技术进步方向问题。

国外研究来看，1965 年戴维（David）研究认为，工业化初期的技术进步表现为资本偏向，加剧了资本家与劳动者的收入差距，当技术扩散后，资本与劳动要素的相对稀缺性发生改变，资本收入份额下降，劳动收入份额呈倒 U 型变化。阿西莫格鲁（Acemoglu，2002）构建了一个两部门技术进步方向的模型，研究认为技术创新获得的利润不同，会使企业选择不同类型的技术创新类型，偏向型技术进步会改变要素生产率方式进而改变要素收入份额。阿西莫格鲁（Acemoglu，2003）认为以往研究单独用国际贸易和技术进步的偏向性来分析收入差距，低估了国际贸易对技术进步偏向性的影响，国际贸易通过影响一国的技术进步偏向，进而影响劳动收入份额。

　　国内研究利用不同行业、层面的数据，证实了偏向型技术进步对劳动收入份额影响的事实：赵俊康（2006）认为由于我国劳动节约型技术进步的发生，使劳动收入份额不断下降。罗长远（2008）研究表明技术进步方向会影响劳动收入份额，两者之间存在确定性的函数关系。黄先海和徐圣（2009）把劳动收入份额下降分为三方面因素——资本深化因素、乘数效应因素及技术进步的偏向性因素，采用我国制造业部门1990～2009年数据，证实了制造业部门劳动收入份额下降的主要原因是资本偏向型技术进步。王林辉和韩丽娜（2012）研究认为我国劳动力市场地位不断下降是源于技术进步偏向于资本的特征不断加深。张杰和卜茂亮等（2012）对我国制造业部门企业2001～2007年数据研究，劳动节约型技术进步很大程度上降低了我国劳动收入份额。董直庆等（2013）考察了我国适宜性生产函数并测算了技术进步方向及其收入分配效应，研究结果发现，1978～2010年间有偏性生产函数描述我国经济产出更优，技术进步正朝有利于资本的方向发展，其偏向水平不断强化并不断降低劳动收入占比，表明解决劳动收入占比下降应关注技术进步方向问题。钟世川和雷钦礼（2013）采用我国工业部门1979～2011年的数据进行了实证分析，发现我国工业部门1987年后表现为资本偏向型特征，资本偏向型技术进步是我国劳动收入份额下降的主要原因。陈宇峰（2013）认为偏向型技术是决定劳动收入份额长期运行水平的关键因素，我国劳动收入份额长期处于低位是由于我国资本偏向型的技术进步。

　　关于偏向型技术进步对劳动收入份额的影响机制，涉及的文献较少。主要有殷德生和唐海燕（2006）、潘士远（2007）等研究国际贸易引致了技能偏向型技术进步，使技能劳动者的收入增加，进而影响收入差距的机制。张莉等（2009）分析认为发展中国家通过从发达国家引进外商直接投资获得发达国家的先进技术，那么会使发展中国家的技术进步与发达国家的技术进步出现同一偏向，发展中国家资本偏向型技术进步的原因主要由外商直接投资引起。董直庆等（2013）以中国各省区市以及行业层面数据研究技术进步的偏向性及其收入分配效应，结果显示，1979～2010年省际和行业技术进步以年均2.6%～13.3%的速度偏向于资本，在样本期内累积拉动劳动收入份额下降 27.2%，剔除资本供给对资本报酬提升的抑制作用（约 16%），将使劳动收入份额从 1978 年的 57.1% 以年均 1% 的速度降至 2010 年的 41.6%，而偏向型技术进步更多是贸易和资本深化的结果。

2.5 文 献 评 述

综合分析劳动收入份额影响因素、经济开放与偏向型技术进步以及偏向型技术进步对劳动收入份额影响等问题的相关文献，总体来看，关于劳动收入份额下降这个问题上基本达成了共识；在劳动收入份额下降的影响因素方面进行了诸多有益的探索；形成了基本认可的几个分析视角。但是现有研究也存在一些不足，现就已有研究做简要评述：

第一，有关我国劳动收入份额普遍下降的真正原因并未达成一致。就新古典视角的研究而言，无论是理论分析还是实证分析，往往是倾向于从环境因素方面寻找原因，分析一个或者某几个因素的变动对劳动份额的影响。就几个具有长期影响的因素而言，从产业结构和政府管制角度来看，20 世纪 70 年代后发展中国家确实处在产业结构加速调整阶段，如劳动份额最高的农业，在未来不论是产业比重还是从业人口均大幅度下降，而发达国家这种调整早已完成，欧美国家市场经济发展水平较高，制度建设相对完善，产业结构较发展中国家有明显区别，他们的调整过程是劳动份额相对较高的第三产业比重在上升。如果产业结构和政府因素是劳动收入份额改变的主要因素，那么欧美国家的劳动收入份额不会出现下降，但事实上发达国家尤其是欧洲及美国劳动收入却出现了下降的趋势。表明若以产业结构和国有经济视角解释收入占比下降并不充分。从劳动力谈判因素来看，发展中国家工会力量较弱，劳动收入份额下降，但是欧美国家的工会力量较大，劳动收入份额也出现了下降的趋势，那么劳动收入份额下降的原因不能统一概括为劳动者谈判力的强弱。从国际贸易的角度来看，根据传统 H－O 理论，发达国家出口资本密集型产品，其劳动收入份额下降，而发展中国家出口劳动密集型产品，其劳动收入份额会上升，但现实情况是发达国家和发展中国家劳动收入份额都出现了下降。关于劳动收入份额下降的真正原因学术界没有达成共识。事实上，在特定情况下，产业结构、劳动者谈判能力、制度因素、国际贸易等都会影响一国的要素收入分配，但是究竟什么因素才是劳动收入占比普遍下降的真正原因呢？本书认为，劳动收入占比的技术进步的偏向性解释力更高，偏向型技术进步通过改变要素生产率方式进而改变要素收入份额。

第二，在研究技术进步偏向产生原因的过程中，对国际贸易的作用不够重视，或者用国际贸易来解释要素收入分配，或者用偏向型技术进步来解释要素收入分配，低估了国际贸易对有偏技术进步的影响，缺少对两者内在联系的研究，阿西莫格鲁（Acemoglu，2003）指出两者是相关的，国际贸易导致技术进步偏向技能劳动力。虽然国内外有相关的理论和实证文献（Xu，2001；殷德生和唐海燕，2006；等等）研究国际贸易导致技能偏向型技术进步，从而影响要素收入份额的机制，以及研究经济开放（包括国际贸易与资本流动）对技术进步的偏向，进而对要素收入份额的影响的文献较少。

第三，虽然以上文献研究贸易通过影响技术偏向进而对劳动收入份额造成的影响，但大都没有计算出技术进步偏向本身的大小，对改革开放以来我国技术进步方向的演变缺乏系统的研究，大多是相关阶段性的探讨，那么从技术进步的偏向性角度就较难确定我国经济开放与劳动收入份额的准确关系。

第四，现有文献较多的研究发达国家情况，对发展中国家的研究较少，且对我国的研究缺乏理论深度，虽然有较多文献证实了我国技术基本偏向的存在，并且对劳动收入份额有重要的影响，但是就其影响机制缺乏研究。针对我国转型时期的特殊性，缺乏相应的研究，例如，我国区域及行业的收入差距逐年扩大，这与区域及行业的不同的技术进步偏向度有关，有必要分不同区域及行业进行研究。又如，多数分析都将技术进步设置为外生的，内生化分析少。

总体来说，由于技术进步决定要素生产率进而影响要素收入分配，技术进步成为各国研究要素收入分配问题必须考察的方面。技术的发展并非表现为无偏性，近年来我国收入分配差距不断扩大的趋势与对外开放导致的有偏技术进步有关，要素收入分配应考察技术进步方向问题。目前，有关我国劳动收入占比普遍下降的真正原因并未达成一致，对于处在转型期的中国来说，更是尚未形成从微观基础向宏观演变的理论体系，有很大的进一步研究空间。从全球共性出发，结合我国转型时期的特殊性，寻找我国劳动收入份额下降的真正原因，并探索其作用机理，是本书的研究重点。

第 3 章

技术进步的偏向性影响劳动
收入份额的理论机制

本章主要通过回顾相关理论，及传统赫克歇尔—俄林理论（H－O 理论）与斯托尔普—萨缪尔森定理（S－S 定理），并在吸收其所长并对其某些不足之处进行修正的基础上，建立经济开放条件下偏向型技术进步对相对报酬的影响的数理模型，对该模型背后的机制进行分析，并构建对外开放引致的偏向型技术进步对我国劳动收入份额影响的作用机制。

3.1　相关理论回顾

研究贸易开放对一国收入分配的理论较少，但是我们也能够从中发现如何通过贸易影响一国的收入分配。主流贸易的理论经历了古典贸易理论、新古典贸易理论、当代国际贸易理论一系列的演变历程。研究以贸易的影响、贸易的基础、贸易和经济发展的相互作用这三方面为重点。

3.1.1　古典贸易理论

斯密首次提出了主张自由贸易的绝对优势论。只要国家生产和出口它具有绝对优势的产品,所有参与贸易的国家都将得益。绝对优势理论第一次从生产领域出发说明了国际贸易发生与发展的必然性。对提高劳动生产率有重要意义,对现代国际分工也有指导意义。绝对优势理论认为分工可以提高劳动生产率,而分工是以成本的绝对优势为原则的。贸易双方都可以从国际分工和交换中获得利益,认为劳动生产率的绝对差异(和技术水平的绝对差异)是产生绝对优势进而产生国际贸易的原因,一国应出口其具有绝对优势的产品,进口其处于绝对劣势的产品,为了降低交易成本,国家应采取自由贸易政策。从而生产效率大大提高,资源得到有效利用,两类产品的产出都会增加,增加的产出可用来测度两国分工及贸易所带来的利益,适当地分配这种利益就可以使两国都受益。但是由于劳动是唯一的投入要素,且存在绝对差异,导致劳动生产率绝对差异的技术是外生的,双方国家获利的程度也有所差异,从而导致了不同国家之间的收入分配不同。

李嘉图在斯密的绝对优势理论的基础上,提出了比较优势理论。即决定国际贸易的基础是两个国家产品生产的相对劳动成本,而不是绝对劳动成本。一个国家在生产各种产品时,即使劳动成本都高于其他国家,但是,只要在劳动投入上有所不同,仍可以开展贸易并从中获益。与亚当·斯密的绝对优势理论相似,李嘉图同样认为劳动是唯一的投入要素,技术差异为外生条件,所以国家间的获利程度差异导致了收入分配的不同。李嘉图指出贸易开放导致国家之间的获利程度不同的同时,还发现对于国内持有不同要素的人群,技术进步和贸易会对他们的收入分配产生影响。绝对优势理论认为贸易开放的全部利益都被资本家撰取,国内的收入分配也随之出现差异。

3.1.2 新古典贸易理论

新古典贸易理论是最早的系统研究贸易开放影响收入分配的理论。

3.1.2.1 赫克歇尔—俄林理论

赫克歇尔—俄林的要素禀赋理论(H–O 理论),是赫克歇尔与其学生俄林共同完成的学术杰作,赫克歇尔在 1919 年发表的经典文章《对外贸易对收入分配的影响》中提出了要素禀赋理论的基本论点。俄林在 1933 年发表了《区域贸易与国际贸易》一书,继承了其师赫克歇尔的论点,深入探讨了国际贸易产生的深层原因,创立了要素禀赋理论。赫克歇尔—俄林继承和发展比较优势理论,把单要素模型进行拓展,包括两种可贸易产品、两种生产要素以及两个国家的资源禀赋贸易模型。H - O 理论认为:若两国的要素禀赋存在差异,则两国之间就存在进行国际分工和互惠贸易的基础。劳动相对丰裕的国家中劳动密集型产品的均衡相对价格要低于资本相对丰裕的国家中劳动密集型产品的均衡相对价格。从而劳动丰裕的国家拥有生产劳动密集型产品的比较优势,应该生产并出口劳动密集型产品;资本丰裕的国家拥有生产资本密集型产品的比较优势,应该生产并出口资本密集型产品。通过交换,两国的福利水平都将提高,由此双方都将获益。H - O 理论认为,在两个国家之间,那些相对富足的要素,由于需求较大而使要素价格上升;而相对稀缺的要素,需求较小而使要素价格下降。H - O 理论进一步提出生产要素价格均等化定理:贸易开放不仅使两国的商品价格相等,进而两国的生产要素价格也相等,并最终使两国工人的工资率也相同。

H - O 理论最具有代表意义的方面在于解释了从一个国家基本经济资源的优势到国际贸易发生的原因,从实际优势出发决定了因产品结构和地理结构不同的贸易模式,从贸易对经济的直接影响研究分析贸易的作用。但是,贸易发生并不完全取决于禀赋。H - O 理论缺点在于分析过于静态,没有考虑到更多比如技术进步等诸多因素影响的作用,在一定程度上损害了理论的广泛性和适用性。尽管格罗斯曼和赫尔普曼(Grossman & Helpman,1991)内生化了 H - O 模型中的技术进步率,但是他们并没有把技术进步偏向内生化。近年来关于工资不平等的演化说明了是要素偏向型及部门偏向型技术进步决定了技术对相对收入份额的影响。

3.1.2.2　斯托尔普—萨缪尔森定理

斯托尔普—萨缪尔森定理(S - S 定理)由斯托尔普(W. Stolper)和萨

缪尔森（P. A. Samuelson）共同提出，分析了国际分工、贸易对一国收入分配的长期影响，可以简单表述如下：在 H－O 理论的前提假设下，国际贸易一般会提高贸易国出口商品的相对价格，降低进口商品的相对价格。而从长期来看，国际贸易最终将会提高贸易国相对丰裕生产要素的实际报酬，而降低其相对稀缺生产要素的实际报酬。如果贸易引起分配格局失衡，那么收入差距的扩大会涉及社会的安定，进而影响一国经济增长。为了避免这种情况，政府会采取各种收入分配政策和措施如税收、补贴等来进行调节。同时，该定理指出，出口引起的国内分配有利于有较高消费倾向的群体，那么会有效提高国内产品的需求，带动本国产出与就业，当出口收入的增加分配到有较高储蓄倾向的群体手中，进而提高国家的投资水平。相反，如果有较高进口倾向的群体获得更多的出口收入，那么出口对经济增长的贡献就会减弱。可见，收入分配对经济发展的影响都是间接的，但贸易引起收入分配格局的变化对经济发展产生影响，则是可以肯定的。虽然国际贸易会提高一个国家的福利水平，但并不是对所有人都一样，提高一部分人收入的同时，减少了另一部分人的收入。有人会反对自由贸易，就是因为一个国家要素收入分配格局会被国际贸易所影响。

近些年，中国的外贸依存度与日俱增是有目共睹的。经典的 S－S 定理却无法解释为何我国作为一个劳动力密集且充裕的国家，劳动收入比重却在下降这个事实。目前的文献包括对这一现象的解释也不是那么全面。

3.1.3　新贸易理论

占主流地位的古典与新古典贸易理论存在了较多的假设，例如，贸易的是产品、完全竞争的商品市场和生产要素市场、生产规模报酬不变等。随着经济全球化和全球技术创新的不断发展，贸易模式也发生了很大变化，以非完全竞争市场和规模经济为两大支柱的新贸易理论应运而生。这些理论较好地解释了产业内贸易等新的贸易形态，同时也分析了南北贸易中贸易对劳动力工资收入的作用，以及贸易、技术创新对要素收入的影响。

在行业内贸易对要素收入的影响方面。克鲁格曼（Krugman，1979）的"规模经济"贸易理论认为一国某种产品的价格优势或成本优势可以既不是因技术水平差异所引起的，也不是因要素禀赋的不同所引起的，而是由生产该产品的生产规模所造成的。生产中所用的两个要素均会从贸易中受益，贸易开放不会带来严重的收入再分配问题，进一步，克鲁格曼在技术创新、转让和世界收入分配模型中，侧重分析了在动态均衡中技术创新、转让会对南方国家和北方国家之间的收入分配产生作用，但并没有探讨贸易对一国内部不同要素收入分配的影响。

芬斯特拉和汉森（Feenstra & Hanson，2003）基于外包理论，提出由于不同国家要素禀赋不同，要素的相对价格也会不同，由于发达国家资本和熟练劳动力充裕，而发展中国家非熟练劳动力丰裕，而且发达国家逐步将国内低技术的生产环节外包给发展中国家，但这种低技术相对于发展中国家可能属于高技术，这就使发展中国家的熟练技术劳动力因需求增加而工资相应提高，从而使发达国家的资本收益率和熟练劳动力的相对工资均低于发展中国家。总的来看，新贸易理论大多数只关注贸易开放对国家间的收入分配影响，而对一国之内的要素收入分配作用几乎没有涉及。

可见关于贸易如何引起偏向型技术进步，进而影响一国要素分配的理论有待进一步深入，对发展中国家的研究更是缺乏。阿西莫格鲁（Acemoglu，1998，1999）为贸易对技术进步偏向性的影响的研究提供了一个重要的视角。但是，他的模型是在封闭经济体中的分析，并且在国际贸易综合分析方面有局限。徐（Xu，2002）在 $2 \times 2 \times 2$ 的 H－O 理论模型下把要素偏向型技术进步和部门偏向型技术进步内生化进行分析，在阿西莫格鲁（Acemoglu，1998）的研究基础上，把要素偏向型技术进步设定为一个关于要素丰裕度及相对商品价格的函数，并拓展了阿西莫格鲁（1998）的研究方法，设定部门偏向型技术进步是关于两个部门相对就业要素的函数。研究了内生化的技术是如何影响 H－O 模型中的一些关键变量的关系，并用这个模型研究了国际贸易对偏向型技术进步与工资不平等的影响。

本章接下来在徐（Xu，2002）的研究基础上，构建一个类似的 $2 \times 2 \times 2$

H－O 理论模型，引入内生技术进步偏向，分析一般均衡条件下内生技术进步偏向对劳动和资本供求以及相对要素价格的影响，并在封闭经济模型的基础上引入国际贸易、外商直接投资，分析在开放经济条件下前述劳动与资本供求、相对要素价格的基本结论是否成立以及成立的必要条件。最后结合我国实际情况，探讨不同的要素替代弹性下，经济开放引致的偏向技术进步对我国劳动收入份额影响的理论机制。

3.2 内生技术进步条件下的 H－O 模型

3.2.1 模型的设定

首先考虑一个 2×2 的带有外生技术进步率的 H－O 经济体。该经济体生产两种最终产品：x 和 y，假设 x 比 y 具有更高的资本密度。使用两种投入要素 k 和 l，k 和 l 分别是某种最终产品使用的资本和劳动力的数量（$i = x$、y）；设 A_i 和 B_i 分别是劳动增强和资本增强系数；$\rho \leqslant 1$ 为要素替代参数。此时 x 和 y 的 CES 形式的生产函数为（Varian，1992）：

$$X = \left[(A_x L_x)^\rho + (B_x K_x)^\rho \right]^{\frac{1}{\rho}} \tag{3-1}$$

$$Y = \left[(A_y L_y)^\rho + (B_y K_y)^\rho \right]^{\frac{1}{\rho}} \tag{3-2}$$

令 $\delta = 1/(1-\rho)^2$，且 w_l 和 w_k 分别是工资率和资本回报率，则产品 x、y 的单位生产成本可分别由式（3-1）、式（3-2）得到：

$$c_x = \left[\left(\frac{w_l}{A_x} \right)^{(1-\delta)} + \left(\frac{w_k}{K_x} \right)^{(1-\delta)} \right]^{\frac{1}{1-\delta}} \tag{3-3}$$

$$c_y = \left[\left(\frac{w_l}{A_y} \right)^{(1-\delta)} + \left(\frac{w_k}{K_y} \right)^{(1-\delta)} \right]^{\frac{1}{1-\delta}} \tag{3-4}$$

从式（3-3）、式（3-4）可得两种产品的相对资本密度为：

$$k_x \equiv \frac{\partial c_x / \partial w_k}{\partial c_x / \partial w_l} = w^{-\delta} \beta_x^{\delta-1} \tag{3-5}$$

$$k_y \equiv \frac{\partial c_y / \partial w_k}{\partial c_y / \partial w_l} = w^{-\delta} \beta_y^{\delta-1} \tag{3-6}$$

其中，$w = w_k / w_l$，$\beta_i = B_i / A_i$，$i = x$、y

式（3-5）和式（3-6）定义了两种产品的技术进步偏向度，根据希克斯（Hicks，1932）可知，如果技术进步过程在 w 保持不变的条件下增加了 k_i，则其为劳动节约型（资本偏向型）技术进步。因此在 $\delta > 1$ 的条件下，β_i 的增加即意味着产品 i 的技术进步为资本偏向型，因此在 $\delta < 1$ 的条件下，β_i 的增加即意味着产品 i 的技术进步为劳动偏向型。

假设产品市场完全竞争，令产品 y 为计价单位，其价格水平为 1，x 的价格为 p，那么在同时生产两种产品的条件下，零利润条件为：

$$c_x = \frac{w_l}{A_x} (1 + w k_x)^{\frac{1}{1-\delta}} = p \tag{3-7}$$

$$c_y = \frac{w_l}{A_y} (1 + w k_y)^{\frac{1}{1-\rho}} = 1 \tag{3-8}$$

联立式（3-7）、式（3-8）得：

$$\frac{A_y}{A_x} \left(\frac{1 + w k_x}{1 + w k_y} \right)^{\frac{1}{1-\delta}} = p \tag{3-9}$$

现在转向要素市场，为了数学处理上更方便，这里作了简化假设，假设要素供给缺乏弹性且完全竞争，则充分就业和资本市场充分利用条件为：

$$\frac{k_x}{A_x} (1 + w k_x)^{\frac{\delta}{1-\delta}} X + \frac{k_y}{A_Y} (1 + w k_y)^{\frac{\delta}{1-\delta}} Y = K \tag{3-10}$$

$$\frac{1}{A_x} (1 + w k_x)^{\frac{\delta}{1-\delta}} X + \frac{1}{A_Y} (1 + w k_y)^{\frac{\delta}{1-\delta}} Y = L \tag{3-11}$$

令 $k = K/L$，结合式（3-5）和式（3-6），由式（3-10）和式（3-11）可得：

$$\frac{X}{Y} = \frac{A_x (k - k_y)}{A_Y (k_x - k)} \left(\frac{1 + w k_y}{1 + w k_x} \right)^{\frac{\delta}{1-\delta}} \tag{3-12}$$

转向产品需求，假设消费者的偏好满足 C-D 型偏好函数，λ 为在商品 x

上的支出比例，则商品市场封闭均衡条件为：

$$\frac{PX}{Y} = \frac{\lambda}{1-\lambda} \tag{3-13}$$

将式（3-9）、式（3-12）代入式（3-13）。并结合式（3-5）、式（3-6）有

$$\frac{(k-w^{-\delta}\beta_y^{\delta-1})(1+w^{1-\delta}\beta_x^{\delta-1})}{(k-w^{-\delta}\beta_x^{\delta-1})(1+w^{1-\delta}\beta_y^{\delta-1})} = \frac{\lambda}{1-\lambda} \tag{3-14}$$

为了进一步区分产出和外生技术冲击以及要素报酬率之间的关系，需对 C-D 和非 C-D 形式的偏好函数分别分析[①]。结果发现，对于 C-D 形式的偏好，技术进步对要素报酬率的影响取决于要素偏向而非产品偏向。即当技术进步为资本偏向型。（①当 $\delta > 1$ 时，β_x 或 β_y 上升；②当 $\delta < 1$ 时，β_x 或 β_y 下降）时 w 上升，当技术进步为劳动偏向型（①当 $\delta > 1$ 时 β_x 或 β_y 下降；②当 $\delta < 1$ 时，β_x 或 β_y 上升）时，w 下降，无论哪种产品的技术进步过程更快，上述结论都成立。产品偏向型技术进步[②]只在偏好函数的非 C-D 形式时或者所在国是小型开放经济体时才会产生影响。

3.2.2 内生技术进步偏向性的决定机制

现在使用阿西莫格鲁（Acemoglu，1998）的方法内生决定 β_x 和 β_y。他假设的是机器不会增强任何一种投入要素的使用效率，这使得他可以把要素偏向型技术进步看成是两类机器效率提升不同的结果。然而，本书需要同时考虑产品偏向性与要素偏向性，出于该目的，本书允许 β_x 或 β_y 的变化速度不同，而且在同时生产两种产品的条件下，产品偏向也是稳态均衡的必要条件，这一点将在下文得到证明。

根据前文的假定，产品 x 的资本密度要高于产品 y，因此，在投入 l、k

---

① 类似于徐（Xu，2001）的结果。

② 指的是两种产品的技术进步速度不同，若 X 的技术进步快于 Y，则为 X 偏向型技术进步。

两种要素生产各自数量产品的比例关系上有

$$\frac{B_x K_x}{A_x L_x} > \frac{B_y K_y}{A_x A_y} \qquad (3-15)$$

为了简化，可设在生产 x 与 y 单位产品时 $A_x L_x = A_y L_y$，并进一步假设 $A_x = A_y$，此时只要 $B_x K_x > B_y K_y$ 成立，前述假设就可以被满足。

在上述条件下，可以假设存在三种机器：提高 L 的生产效率的机器、提高 K_x 生产效率的机器以及提高 K_y 的生产效率的机器，令 M_l、M_x、M_y 分别是这三种机器的投入数量，q_l、q_x、q_y 则是对应机器的质量水平。下文将给每一种类型的机器赋予一个连续的数量 $j \in [0, 1]$，这简化了分析过程。同样，为了简化分析，假设机器可以无限分割。

产品的生产分别为中间产品生产和最终产品生产两步，令 Z_l 是劳动力使用 M_l 生产的中间产品，而 Z_x 和 Z_y 则是 K_x 与 M_x、K_y 与 M_y 结合生产的中间产品。[①]

最终产品的生产函数为：$X = (Z_l^\rho + Z_x^\rho)^{\frac{1}{\rho}}$，$Y = (Z_l^\rho + Z_x^\rho)^{\frac{1}{\rho}}$。中间产品的生产函数则为：

$$Z_l = A_l \quad Z_x = B_x K_x \quad Z_y = B_y K_y \qquad (3-16)$$

劳动力和资本的生产效率则取决于每单位劳动力和资本所占有的机器的数量和质量。

$$A = \frac{1}{1-\alpha} \int_0^1 q_l(j) \left(\frac{M_l(j)}{L}\right)^{1-\alpha} \mathrm{d}j \qquad (3-17)$$

$$B_x = \frac{1}{1-\alpha} \int_0^1 q_x(j) \left(\frac{M_x(j)}{K_x}\right)^{1-\alpha} \mathrm{d}j \qquad (3-18)$$

$$B_y = \frac{1}{1-\alpha} \int_0^1 q_y(j) \left(\frac{M_y(j)}{K_y}\right)^{1-\alpha} \mathrm{d}j \qquad (3-19)$$

其中，$0 > \alpha > 1$，$q_s(j)$ 表示第 S 类机器 j 的最高质量水平。上述条件表示中间产品生产过程中规模报酬不变。且每种中间产品的生产企业数量也是

---

① 实际情况是任何中间产品的生产均同时需要劳动力和资本，但在这里为了简化分析过程，有必要将劳动力和资本分离。

既定的。

考虑 Z_l 的某一生产企业 i，它使用 $L_{(i)}$ 单位的劳动力和 $M_l(i, j)$ 单位的机器。令 P_l 是 Z_l 的价格，$\xi_l(j)$ 是质量为 $q_l(j)$ 的机器 $M_l(j)$ 的成本，则利润最大化时有：

$$\max_{L(i), M(i, j)} p_l A_{(i)} L_{(i)} - \int_0^1 \xi_l M_l(i, j)\,\mathrm{d}j - \omega_l L_{(i)} \tag{3-20}$$

一阶条件为：

$$P_l \alpha A(i) = \omega_i \tag{3-21}$$

$$P_l q_l(j) L(i)^\alpha M_l(i, j)^{-\alpha} = \xi_l(j) \tag{3-22}$$

由式（3-21）得所有 $A(i) = A$，联合式（3-21）和式（3-22）得：

$$M_l(i, l) = \left[\frac{q_l(j)\omega_l}{\alpha A \xi_i(j)}\right]^{\frac{1}{\alpha}} L(i) \tag{3-23}$$

加总所有 i 得

$$M_l(j) = \left[\frac{q_l(j)\omega_l}{\alpha A \xi_l(j)}\right]^{\frac{1}{\alpha}} L \tag{3-24}$$

与创新有关的参数为 μ，在没有创新的时候 $\mu = 1$；当有创新存在时，相应机器的数量增加，$\mu > 1$。创新以一个外生决定的概率 γ 随机出现，γ 是最终产品中用于研发的比例。创新投入者拥有创新成果的垄断所有权，当其他创新投入者的成果出现时，该所有权即被终止。因此，为了最大化创新投入的收益，投入者的定价原则是使创新成果的边际成本等于边际收益，拥有 $M_l(j)$ 数量的机器的边际收益为 $(1-\alpha)\xi_l(j)$。

假设发明机器的成本随其质量线性增长，且对于 $M_l(j)$，其被规范化为 $q_l(j)$。成本与收益相等，有：

$$\xi_l(j) = \frac{q_l(j)}{1-\alpha} \tag{3-25}$$

把式（3-25）代入式（3-24）有：

$$M_l(j) = \left[\frac{(1-\alpha)\omega_l}{\alpha A}\right]^{\frac{1}{\alpha}} L \tag{3-26}$$

式（3-26）意味着对任意数量的 j，$M_l(j) = M_l$

对于研发部门，市场准入不受限制。定义 $V_l(j)$ 为发明成果 $M_l(j)$ 的资本市值，则研究与开发市场自由进入的条件为：

$$V_l(j) = q_l(j) \qquad (3-27)$$

等式左侧为研发 $M_l(j)$ 的边际收益，右侧为边际成本。

研发领域的资本市值必须满足无套利条件。资产所有者将其用于一家企业的研发创新可获得其成果带来的利润 $\pi_l(j)$。但是当新的发明产生时，原来的所有者将蒙受损失，其损失为研发成果的市值乘以其投入研发的比例 $\gamma_l(j) \times V_l(j)$，也即原研发成果的市值乘以新成果出现的概率。如果该所有者不将其资产投入该企业的研发，而是投入另一家发展势头良好的企业的资本市场，则其收益率为 r，无套利条件要求两项投资的预期收益相等，即：

$$rV_l(j) = \pi_l(j) - \gamma_l(j)V_l(j) + V_l(j) \qquad (3-28)$$

其中，$V_l(j)$ 是 $V_l(j)$ 的时间价值。在稳态条件下 $V_l(j) = 0$。把式（3-26）、式（3-27）代入式（3-28）可以发现对所有 j，$\gamma_l(j)$ 都相等。且

$$\gamma_l = \left(\frac{1-\alpha}{\alpha} \right)^{\frac{1-\alpha}{\alpha}} \left(\frac{\omega_l}{A} \right)^{\frac{1}{\alpha}} L - r \qquad (3-29)$$

同理可得：

$$\gamma_x = \left(\frac{1-\alpha}{\alpha} \right)^{\frac{1-\alpha}{\alpha}} \left(\frac{\omega_k}{B_x} \right)^{\frac{1}{\alpha}} K_x - r \qquad (3-30)$$

$$\gamma_y = \left(\frac{1-\alpha}{\alpha} \right)^{\frac{1-\alpha}{\alpha}} \left(\frac{\omega_k}{B_y} \right)^{\frac{1}{\alpha}} K_y - r \qquad (3-31)$$

其中，γ_x 和 γ_y 描述了在产品 x 和 y 的产出中直接用了资本增强型机器研发的比例，由前文又知创新增加机器的数量展现为 $M > 1$。对于数量为连续变量的机器，第 s 种机器以确定的速率 $(\mu - 1)\gamma_s$ 增长，在平衡增长路程上 $\gamma_s = \gamma$ 对所有 S 成立。联合式（3-29）、式（3-30）和式（3-31）得：

$$\left(\frac{\omega_l}{A} \right)^{\frac{1}{\alpha}} L = \left(\frac{\omega_k}{B_x} \right)^{\frac{1}{\alpha}} K_x = \left(\frac{\omega_k}{B_y} \right)^{\frac{1}{\alpha}} K_y \qquad (3-32)$$

式（3-32）是技术进步偏向的内生决定条件，它表明了研发不同类型技术的经济动机。为了证明这一点，将式（3-32）改写为 $p_l^{\frac{1}{\alpha}} L = p_k^{x\frac{1}{\alpha}} K_x = p_k^{y\frac{1}{\alpha}} K_y$，

其中，p_l，p_k^x，p_k^y 分别为三种中间产品的价格。可以证明：研发劳动增强型机器的利润为 $\pi_l(j) = \alpha(1-\alpha)^{\frac{1-\alpha}{\alpha}} q_l(j)(P_l)^{\frac{1}{\alpha}}L$，研发资本增强型机器的利润分别为 $\pi_s(j) = \alpha(1-\alpha)^{\frac{1-\alpha}{\alpha}} q_s(j)(P_k^s)^{\frac{1}{\alpha}}K_s$。因此，$(P_l)^{\frac{1}{\alpha}}L$ 度量了研发劳动增强型机器的动机；$(p_k^x)^{\frac{1}{\alpha}}K_x$ 度量了研发 x 产品所用资本增强型机器的动机，$(p_k^y)^{\frac{1}{\alpha}}K_y$ 则度量了研发 Y 产品所用资本增强型机器的动机。换句话说，研发动机由以下两个因素决定：一是中间产品价格；二是与机器结合的相应投入要素的数量。

令 $\beta = (\beta_x^{\frac{1}{\alpha}} + \beta_y^{\frac{1}{\alpha}})^{\alpha}$ 为经济体中的整体技术进步偏向，$\theta = \dfrac{\beta_x}{\beta_y}$ 为技术进步的产品偏向，则由式（3-32）可得：

$$\beta = \omega k^{\alpha} \tag{3-33}$$

$$\theta = \left(\frac{K_x}{K_y}\right)^{\alpha} \tag{3-34}$$

等式（3-33）表明经济中的技术进步偏向由资源禀赋和相对要素报酬率决定。β 决定于资源禀赋，反映了市场规模效应：资本越充足，则资本增强型技术进步的市场越大，资本偏向型技术进步程度就越大。β 取决于相对要素报酬，反映了价格效应：资本相对报酬越高，资本密集型中间产品相对价格越高，资本偏向型技术进步的研发动力就越大。式（3-34）表明技术进步的产品偏向性大小取决于两种产品资本要素相对使用量的大小，这同样反映了一种市场规模效应：K_x/K_y 的比值越大，意味着产品 x 的生产过程中，与资本要素结合的机器的相对需求越高，这刺激了设计该种机器的创新活动，导致了 θ 的增加，而相对要素报酬对技术进步的产品偏向不起作用。

从 θ 和 β 的定义可解得：

$$\beta_x = \frac{\theta\beta}{(\theta^{\frac{1}{\alpha}}+1)^{\alpha}} \qquad \beta_y = \frac{\beta}{(\theta^{\frac{1}{\alpha}}+1)^{\alpha}} \tag{3-35}$$

这两个参数反映了资本偏向型技术进步在每种产品内部的大小，又通过这两个方程将产品内部的资本偏向型技术进步与经济体整体的要素偏向型、产品偏向型技术进步联系了起来。

3.3 封闭经济条件下的一般均衡

本节求解封闭经济条件下的一般均衡，这里首先分析供给方面，此时暂时视价格 P 为固定不变的，在分析需求方面时则令 P 可变并分析它的决定因素。这样做允许本书分析 S－S 定理和雷布津斯基（Rybczynski）关系式的成立与否。

假设 P 固定，企业投入单位成本 c_x 以生产 x，c_y 以生产 y。在完全竞争条件下，价格等于生产成本，这一零利润条件对于 x 和 y 均成立。由前文分析知零利润条件等价于式（3－9）成立，把式（3－5）、式（3－6）和式（3－35）代入式（3－9），则式（3－9）可以改写为

$$\omega = \left(\frac{p^{\delta-1}\theta^{\delta-1} - 1}{1 - p^{\delta-1}} \right)^{\frac{1}{\delta-1}} \times \frac{\beta}{(\theta^{\frac{1}{\alpha}} + 1)^{\alpha}} \tag{3-36}$$

当技术进步是外生决定时，方程（3－36）表明 W 与 P 之间存在正相关关系，这就是 S－S 定理。方程（3－36）表明 W 还取决于要素偏向指数 β 和产品偏向指数 θ。如果资本偏向型技术进步在两种产品间以相同的速度发生，或者资本密集型产品的资本偏向型技术进步速度超过劳动密集型产品的技术进步速度。那么 ω 就会上升。

由前文还可知，整个经济的要素偏向型技术进步取决于一个固定的参数，这一点由下式可以得到：

$$\beta = \omega k^{\alpha} \tag{3-37}$$

把方程（3－37）代入方程（3－36）可知 W 被消去了。其原因是，在 P 和 θ 固定的条件下，随着 β 的增长，W 必须增加相同比例以满足零利润条件。这个特征揭示了 θ 和 P 的关系，把方程（3－37）代入方程（3－36）得：

$$\left(\frac{(\theta^{\frac{1}{\alpha}} + 1)^{\alpha(\delta-1)} + k^{\alpha(\delta-1)}}{(\theta^{\frac{1}{\alpha}} + 1)^{\alpha(\delta-1)} + \theta^{\delta-1}k^{\alpha(\delta-1)}} \right)^{\frac{1}{\delta-1}} = p \tag{3-38}$$

方程（3-38）的左侧随 θ 和 k 的增加而降低，由此，提出了引理1。

引理 1 产品偏向系数与价格水平间的关系。$\mathrm{d}\theta/\mathrm{d}p < 0$。

引理 1 表明，资本密集型产品价格的上升必须被劳动密集型产品偏向性技术进步所补偿。也就是说资本密集型产品价格上升，必然导致劳动密集型产品偏向型技术进步快于资本密集型产品偏向型技术进步，理由如下：假定发生了一次导致价格 p 上涨的外部冲击，更高的价格 p 意味着更高的 p_k^x/p_k^y，也就意味着生产 x 产品所使用的资本增强型机器的价格更高。由于资本相对于劳动的比劳动生产率的提高是因为使用了质量水平更高的机器，P_k^x/P_k^y 在产品 x 变得更高则意味着其在产品 y 变得更低（因为 x 相对于 y 的价格 p 变得更高等价于在 x 价格不变的情况下 y 的价格变得更低，相应地产品 y 的 p_k^x/p_k^y 也变得更低），这就使得资本偏向型技术进步在产品 y 的速度得到加快。也就是说在 p 上升的情况下，为了满足两种产品的零利润条件，资本偏向型技术进步在产品 y 的速率必须超过 x 的速率。反之，如果同时满足两个条件：一是 p 上升，二是 x 产品的资本偏向型技术进步速度超过 y，那么所有的企业发现生产 x 是有利可图的。于是产品 y 退出市场。

现在对 p 对 w 的作用进行分解，由前文知要素市场均衡条件为：

$$\left(\frac{x}{y}\right)^s = \left(\frac{k-k_y}{k_x-k}\right)\left(\frac{1+\omega k_y}{1+\omega k_x}\right)^{\frac{\delta}{1-\delta}} \tag{3-39}$$

同样，由前文可知：$\theta = (K_x/K_y)^\alpha$，这使得下式左侧成立

$$\theta^{\frac{1}{\alpha}} = \frac{K_x}{K_y} = \left(\frac{1+w k_x}{1+w k_y}\right)^{\frac{\delta}{1-\delta}}\left(\frac{k_x}{k_y}\right)\left(\frac{x}{y}\right)^s \tag{3-40}$$

式（3-40）右侧表明资本和劳动的使用比率取决于单位产出的资本需求之比和产出比。其中，单位产出的资本需求之比由单位产出成本方程关于资本报酬率的偏微分得到。

把式（3-39）代入式（3-40）并由 $k_x/k_y = \theta^{\delta-1}$，重写充分就业条件为：

$$\frac{\theta^{\frac{1}{\alpha}-\delta+1}}{1+\theta^{\frac{1}{\alpha}-\delta+1}}k_x(\omega,\theta) + \frac{1}{1+\theta^{\frac{1}{\alpha}-\delta+1}}k_y(\omega,\theta) = k \tag{3-41}$$

其中，$k_x(\omega,\theta)$ 和 $k_y(\omega,\theta)$ 可由式（3-33）、式（3-35）代入式（3-5）、

式（3-6）得到：

$$k_x(\omega, \theta) = \frac{\theta^{\delta-1} k^{\alpha(\delta-1)}}{\omega(\theta^{\frac{1}{\alpha}} + 1)^{\alpha(\delta-1)}} \quad (3-42)$$

$$k_y(\omega, \theta) = \frac{k^{\alpha(\delta-1)}}{\omega(\theta^{\frac{1}{\alpha}} + 1)^{\alpha(\delta-1)}} \quad (3-43)$$

把式（3-42）、式（3-43）代入式（3-41）可得到 ω 关于 θ 的方程：

$$\omega = \frac{k^{\alpha(\delta-1-\frac{1}{\alpha})}}{(\theta^{\frac{1}{\alpha}-\delta+1} + 1)(\theta^{\frac{1}{\alpha}} + 1)^{\alpha(\delta-1-\frac{1}{\alpha})}} \quad (3-44)$$

对 ω 求关于 θ 的偏微分可得：当 $\delta > \left(1 + \frac{1}{\alpha}\right)$ 时 $\mathrm{d}\omega/\mathrm{d}\theta < 0$，当 $\delta < \left(1 + \frac{1}{\alpha}\right)$ 时 $\mathrm{d}\omega/\mathrm{d}\theta > 0$，结合引理1可得引理2。

引理2 相对报酬率与价格水平的关系。当且仅当 $\delta > \left(1 + \frac{1}{\alpha}\right)$ 时 $\mathrm{d}\omega/\mathrm{d}p > 0$；当且仅当 $\delta < \left(1 + \frac{1}{\alpha}\right)$ 时，$\mathrm{d}\omega/\mathrm{d}p < 0$。

引理2表明资本密集型商品相对价格的增加在要素富有弹性的条件下增加资本的报酬率；资本密集型产品相对要素价格的增加在要素缺乏弹性的条件下降低了资本报酬。

分析完 p 对 ω 的影响，就立即可以得到 p 对要素偏向指数 β 的影响。把式（3-44）式代入方程（3-37）得：

$$\beta = \frac{k^{\alpha\delta-1}}{(\theta^{\frac{1}{\alpha}-\delta+1} + 1)(\theta^{\frac{1}{\alpha}} + 1)^{\alpha(\delta-1-\frac{1}{\alpha})}} \quad (3-45)$$

由式（3-45）得出引理3。

引理3 要素偏向与相对价格的关系：当且仅当 $\delta > \left(1 + \frac{1}{\alpha}\right)$ 时 $\mathrm{d}\beta/\mathrm{d}p > 0$；当且仅当 $\delta < \left(1 + \frac{1}{\alpha}\right)$ 时 $\mathrm{d}\beta/\mathrm{d}p < 0$。

引理3表明，在要素富有弹性的条件下，资本密集型产品相对价格的上升会导致资本偏向型技术进步；在要素缺乏弹性的条件下，资本密集型产品相对价格的上升会导致劳动偏向型技术进步。

下面转向一个贸易理论的重要关系，即雷布津斯基（Rybczynski）关系，该关系揭示了在商品价格不变的关系下，两种产品的产出比例如何随着要素禀赋的改变而变化。如果技术进步是外生的，k 的增加会导致资本密度相应的变化和资源的重新配置，这又导致两种产品相对供给量 $(x/y)^s$ 在价格水平不变的条件下增加。该结果就是雷布津斯基（Rybczynski）理论。在本模型中，k 的增加不仅导致技术水平不变条件下资本密度的相应变化还改变了技术水平。为了验证在本模型的条件下雷布津斯基（Rybczynski）理论的成立与否，对 $(x/y)^s$ 进行改写，由零利润条件可得：$p = [(1 + \omega k_x)/(1 + \omega k_y)]^{\frac{1}{1-\delta}}$，代入式（3 – 40）得：

$$(x/y)^s = \theta^{\frac{1}{\alpha} - \delta + 1} p^{-\delta} \tag{3-46}$$

对 $(x/y)^s$ 求关于 k 的偏微分得：

$$\frac{\partial (x/y)^s}{\partial k} = \frac{\partial (x/y)^s}{\partial \theta} \times \frac{\partial \theta}{\partial k} \tag{3-47}$$

从方程（3 – 38）知，在 p 固定的条件下，θ 和 k 呈负相关关系，由式（3 – 46）可知，当且仅当 $\delta > \left(1 + \frac{1}{\alpha}\right)$ 时，在 p 固定的条件下 $(x/y)^s$ 与 θ 之间呈负相关关系。因此，当且仅当 $\delta > \left(1 + \frac{1}{\alpha}\right)$ 时，$\partial (x/y)^s/\partial k > 0$；仅当 $\delta < \left(1 + \frac{1}{\alpha}\right)$ 时，$\partial (x/y)^s/\partial k < 0$。这说明：

引理 4（相对产出和禀赋的关系）当且仅当 $\delta > \left(1 + \frac{1}{\alpha}\right)$ 时，在价格水平 p 固定的条件下，$(x/y)^s$ 随 k 增加而增加；当且仅当 $\delta < \left(1 + \frac{1}{\alpha}\right)$ 时，在价格水平 p 固定的条件下，$(x/y)^s$ 随 k 增加而减少。

3.4　国际贸易对技术进步偏向及相对报酬的影响机制

本节分析一个包含两国的开放经济环境中国际贸易的影响。出于本书的研究目的，这里不考虑中间产品贸易和技术溢出的影响，只集中关注最终产品贸易的影响。这里的分析是对包含国家 A 和 B 的 H－O 模型的扩展。两国之间只在资源禀赋上存在差异，本节的分析都假设两国均投入研发。

3.4.1　基本假设

假设有两个国家：本国 H 和外国 F，两国在资本拥有量上存在区别，假设本国资本存量比较高而外国劳动力资源丰富。两国间仅仅在资本占有水平上存在差异，如果两国间最终产品可以自由贸易，资本（劳动力）资源丰富的国家出口资本（劳动）密集型产品，进口劳动（资本）密集型产品。

3.4.2　国际贸易对技术进步偏向的影响

贸易开放通过 p 影响技术进步偏向，其原因是 p 在贸易开放后在两国沿着相反的方向变化，技术进步偏向指数的方向在两国也是相反的。

当 $\delta > 1 + 1/\alpha$ 时，贸易开放对产品偏向和要素偏向的影响可以从引理 1 和引理 3 得到。在资本比较丰富的国家，贸易开放提高了 p，技术进步偏向劳动密集型产品以维持两种产品同时生产的均衡状态，这是引理 1 的结论；p 的提高同样刺激了资本偏向型技术进步，引起 β 的提高，这是引理 3 的结论。在劳动力资源比较丰富的国家相反的情况成立。

需要指出的是 β 是经济中状态资本偏向程度的度量，产品内部的资本偏向指数 β_x 和 β_y 同时取决于 β 和 θ。例如，当贸易开放导致资本比较丰富的国家 β 上升而 θ 下降时，β_y 会上升，但是 β_x 则可能上升也可能下降。可以证明 β_x 随 p 的增加而增加的条件是两种产品的资本密集度的差距足够大，即 $\theta > \hat{\theta}$。例如，如果 $\delta = 3$ 且 $\alpha = 2/3$，则 $\hat{\theta} = 2.5$。如果该条件成立，贸易开放在资本（劳动力）资源比较丰富的国家同时提高两种产品的资本（劳动）偏向型技术进步。

上述结果可以概括为：

假设 1 考虑两个国家，两国间仅仅在资本占有水平上存在差异，如果要素是富有弹性的（$\delta > 1 + 1/\alpha$），最终产品贸易开放会导致在资本（劳动力）资源比较丰富的国家引起资本（劳动）偏向型技术进步。并且引起资本（劳动）密集型产品偏向型技术进步。

假设 1 反映了创新对相对市场规模和相对价格水平变化的反应。当一个国家只对自己国内市场进行创新投入时，贸易开放不会导致任何改变国内市场整体技术进步偏向的市场规模效应，但是贸易开放提高了资本密集型最终产品的国内市场价格，这意味着资本密集型中间产品的国内价格也更高，因此投入资本使用型技术进步的动机就更强；相反的情况在国外发生。由于上述相对价格效应，本国在贸易开放后会使用更多的资本偏向型技术，而国外则使用更多的劳动偏向型技术。尽管贸易开放不能改变资本偏向型技术和劳动偏向型技术的市场规模之比，它却可以影响到资本偏向型技术和劳动偏向型技术在不同产品之间的使用规模之比。因此，贸易开放后产品偏向型技术进步的水平在两国都发生了改变。

3.4.3 国际贸易对相对报酬率的影响

现在转向贸易开放对相对报酬率的影响。在标准的 H－O 模型中，贸易影响相对报酬率的方式如 S－S 定理所描述的一样。在本模型中，贸易开放对相对报酬率的影响不仅通过 S－S 定理所描述的方式，而且通过内生性技术进步。

贸易开放引起 p 在资本比较丰富的国家上升而在劳动力资源比较丰富的国家下降，为了分析 p 的改变如何影响相对报酬率，注意要素偏向方程 $\beta = \omega h^{\alpha}$，该方程意味着 ω 的变化方向与 β 一致。由于前文已经阐明了 p 对 β 的影响，那么 p 对 ω 的影响可以立即得出，结果如下：

假设 2 考虑两个国家，两国间仅仅在资本占有水平上存在差异，如果要素是富有弹性的（$\delta > 1 + 1/\alpha$），最终产品贸易开放提高（降低）资本（劳动力）资源比较丰富的国家的资本与劳动的相对报酬。

假设 2 说明国际贸易对相对报酬率的影响和 S–S 定理的结论是一致的，在同时考虑 S–S 定理效应和内生性技术进步效应时依然成立。为了理解这个结论，回忆方程（3–36），它表明 ω 取决于商品相对价格 p、产品偏向指数 θ 和要素偏向指数 β。注意 ω 和 β 之间在零利润方程（3–36）和要素偏向方程（3–37）中均是线性相关关系。这两个线性关系意味着正如方程（3–38）所描述的那样，p 的报酬率效应和 θ 的报酬率效应刚好完全抵消了以至于 ω 完全由 β 决定，在基本假设条件下，最终产品贸易开放会导致在资本（劳动力）资源比较丰富的国家引起资本（劳动）偏向型技术进步。报酬率不平等在资本（劳动力）资源比较丰富的国家会上升（下降）。需要强调的是尽管本模型中国际贸易对相对报酬率水平的影响方向与 H–O 模型是相同的，但是本模型的影响同时包含了 S–S 定理所描述的方式和内生性技术进步的影响。

以上在 $\delta > 1 + 1/\alpha$ 的条件下，即要素富有弹性的条件下进行的讨论，同理当 $\delta < 1 + 1/\alpha$，即要素缺乏弹性的条件下，可以得出类似结论：

假设 3 考虑两个国家，两国间仅仅在资本占有水平上存在差异，资本（劳动力）资源丰富的国家出口资本（劳动）密集型产品，进口劳动（资本）密集型产品，如果要素是缺乏弹性的（$\delta < 1 + 1/\alpha$），最终产品贸易开放会导致在资本（劳动力）资源比较丰富的国家引起劳动（资本）偏向型技术进步。并且引起劳动（资本）密集型产品偏向型技术进步。最终产品贸易开放降低（提高）资本（劳动力）资源比较丰富的国家的资本与劳动的相对报酬。

3.5　拓 展 分 析

现实的对外贸易是多边的而不像理论模型中限定的两国之间。对于不同的国家，中国具有不同的比较优势。对于发达国家，中国的比较优势在于劳动力资源比较丰富；对于大多数发展中国家而言，我们又具有资本和技术方面的比较优势。

自 20 世纪 80 年代以来我国劳动收入份额持续下降已经成为公认的事实，造成这种情况必然与经济开放有关。在前文所述的理论基础上，经济开放及其引致的偏向型技术进步对我国劳动收入份额造成的影响，可分两种情况进行讨论：第一，即要素替代弹性大于 1；第二，要素替代弹性小于 1。

3.5.1 要素替代弹性大于 1 的情况

我国对发达国家的出口降低了 p，相对于发达国家的技术进步偏向属于劳动偏向型，我国向发达国家出口劳动密集型产品，在与发达国家的贸易过程中，由于劳动力的使用规模和相对报酬均提高，这样的贸易对我国劳动收入份额具有拉高的能力。对发展中国家的贸易则完全相反，我们向他们出口资本密集型产品，相对提高了 p，技术进步偏向属于资本偏向型，资本的使用规模和相对报酬均提高，这样的贸易对我国劳动收入份额具有拉低的压力。在这两种方向相反的力量的作用下，最终结果就取决于各自的强度。在对发达国家和发展中国家的贸易比重处于某个点时两种力量相互抵消，对外贸易对我国劳动收入份额没有影响；在对发达国家贸易比重高于该点的区域，出口贸易提高了我国的劳动收入份额，而在对发展中国家贸易比重高于该点的区域，出口贸易降低了我国的劳动收入份额。那么可以得出如下推论：

推论 1 在替代弹性大于 1 的条件下，随着我国与发展中国家之间贸易占我国对外贸易比重的不断提高，我国出口的资本密集型产品越来越多、资本偏向型技术进步越来越明显，导致资本份额不断提高。随着我国与发达国家之间贸易比重的不断上升，出口的劳动密集型产品增加，劳动偏向型技术进步愈加明显，导致资本份额不断下降。其逻辑推理图如图 3.1 所示。

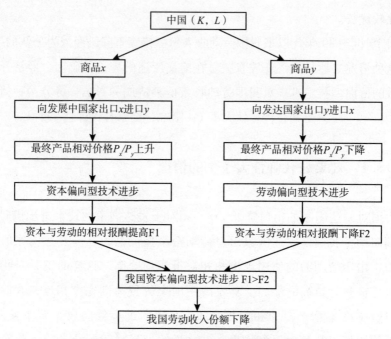

图 3.1　我国劳动收入份额改变逻辑推理图（一）

3.5.2　要素替代弹性小于 1 的情况

我国对发达国家出口劳动密集型产品，对发展中国家出口资本密集型产品。我国对发达国家的出口降低了 p，在要素缺乏弹性的条件下，相对于发达国家的技术进步偏向属于资本偏向型，降低了我国劳动收入份额。对发展中国家的贸易则完全相反，我们向他们出口资本密集型产品，相对提高了 p，技术进步偏向属于劳动偏向型，提高了我国劳动收入份额。在这两种方向相反的力量的作用下，最终结果就取决于各自的强度。在对发达国家和发展中国家的贸易比重处于某个点时两种力量相互抵消，对外贸易对我国劳动收入份额没有影响；在对发展中国家贸易比重高于该点的区域，出口贸易提高了我国的劳动收入份额，而在对发达国家贸易比重高于该点的区域，出口贸易降低了我国的劳动收入份额。

推论 2 在替代弹性小于 1 的条件下,随着我国与发展中国家之间贸易占我国对外贸易比重的不断提高,劳动偏向型技术进步越来越明显,导致资本份额不断下降。随着我国与发达国家之间贸易比重的不断提高,资本偏向型技术进步越明显,导致资本份额不断上升。其逻辑推理图如图 3.2 所示。

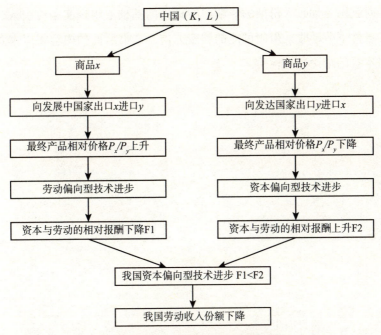

图 3.2 我国劳动收入份额改变逻辑推理图(二)

另外,从经济开放的另外一个要素资本流动来看,改革开放后,我国大量引进外资,一方面是我国发展工业的需要,另一方面也是以"市场换技术"的外商直接投资引进导向的结果,为了引进外资,我国通过一系列政策确保外资获得利润,资本地位被强化,导致资本偏向型技术进步,资本的相对报酬和投入比重都不断增加这必然导致资本份额不断提高,劳动份额不断下降。

3.6 本章小结

本章构建了一个扩展的 H－O 模型以阐述国际贸易及其引致的偏向型技术进步对我国劳动收入份额的影响，在理论的基础上将现实条件引入，指出了现实条件下劳动收入份额可能的演变方向，本书后面的内容将以本章为基础并对本章的结论进行检验。

第 4 章

我国要素替代弹性及技术进步的
偏向性的测算

根据上一章理论分析可知，当替代弹性大于 1 时，资本密集型产品与劳动密集型产品的相对价格上升会导致资本偏向型技术进步；相反，当替代弹性小于 1 时，资本密集型产品与劳动密集型产品的相对价格上升会导致劳动偏向型技术进步，进而影响要素的相对收入份额。要考察对外开放引致的偏向型技术进步对劳动收入份额的影响，首先要测算技术进步偏向方向以及生产要素的替代弹性。因此本章内容为考察我国技术进步的演变方向，估算我国生产要素间的替代弹性。

4.1　我国技术进步路径的演变及现状

一般一个国家的技术进步主要来源于外源式和内源式两个途径：外源式路径是指以技术引进以及在此基础上的模仿性创新为主；而内源式路径则是以自主创新为主。改革开放初期，国内缺乏创新技术，我国的技术创新主要来自外源式，因为从国外引进的先进技术一般都是较成熟的技术，拿来既能用，具有明显的确定性，而且由外商直接投资而形成的技术外溢效应也得到了诸多专家的肯定。内源性路径的最大特点是不确定性，在研发成果出来之前，需投入大量经费，而且可能存在没有产出的风险，因此要依靠内源性路径带来技术进步，必须有国家大力的支持才能实现。内生增长理论也阐述了促进技术进步的两个基本途径就是创新（innovation）与模仿（imitation）（Grossman & Helpman，1991）。

技术进步会提高产出效率，从技术驱动经济增长的机制来看，发达国家和发展中国家有所不同，发达国家使用的前沿技术往往会高于发展中国家；发达国家具有新的前沿技术，所以它的经济发展可以通过自身的技术创新机制来实现，而发展中国家不具备新的前沿技术，要想经济增长则可以通过模仿性创新或者技术引进的方式来实现（Caselli & Coleman，2000）。所以国家技术进步的选择路径是根据自身的发展阶段来决定的。中国是一个发展中的大国，选择适宜的技术进步路径才能实现技术进步驱动内生经济增长。我国长期目标是自主创新下的高精尖技术、提高生态效益和社会效益的技术、技术密集型技术和自然资源节约型技术，但现阶段技术引进仍然是我国重要的技术进步来源。虽然我国长期目标是自主创新下的高精尖技术、提高生态效益和社会效益的技术、技术密集型技术和自然资源节约型技术，但现阶段我国是否具备了自主创新的基础还需要进一步讨论研究。

后发国家经济发展是遵循竞争优势还是遵循比较优势是影响这个国家技术进步路径选择的主要理论争端来源。因此就出现了竞争优势下的"技术赶超论"和比较优势下的"要素禀赋"论的争议。由于中国是世界上发展中大国，所以在对我国技术进步路径的选择上，这一争论的结果将具有重要的理论指导意义。

从比较优势理论来说，后发国家技术进步的路径选择上，遵循比较优势下的要素禀赋说被以林毅夫为代表的部分学者所坚持。他们认为技术路径选择上要结合我国的要素禀赋以及当下的经济发展状况，应当遵循我国的比较优势，选择具有适应能力和自生能力的技术进步路径。按照要素禀赋理论，我国应该是采取"渐进式"技术进步路径。林毅夫（2003）认为大多数发展中国家采取了不适当的技术赶超战略，所以无法缩小与发达国家之间的差距。林毅夫等（2006）认为一个国家的要素禀赋结构决定其最优产业结构和技术结构，在市场经济体制下，生产者生产的产品类型以及选择的技术是由价格决定的，要素禀赋结构升级必然导致产业结构和技术结构的升级。因此发展中国家政府在制定目标的时候，应该以促进要素禀赋结构升级，而不是以技术和产业结构的升级为目标。因为一旦要素禀赋结构升级，在竞争压力和利润驱动下会促成企业自身产业结构和技术进行升级。陈友芳（2009）认为生产技术选择必须符合"合适性原则"，生产技术的选择标准是该技术是否与当地的要素禀赋状况相适应，不能过于盲目的追求生产技术的先进程度。

按照竞争优势理论，一个国家或地区要获取竞争优势，就必须加大技术创新的投入，鼓励自主创新。在该战略下，"技术赶超"成为发展中国家在技术进步上必须走的路线。部分专家学者认为要让发展中大国成长为发展中强国，最重要的衡量指标就是科技实力，部分学者支持遵循竞争优势下的技术赶超论。黄琪轩（2009）认为选择内源式技术进步路径具有大国特质。自主创新活动，而非战争，成为"二战"以后大国权力转换过程中的一个重要政治行为。包括一部分学者的政策建议以及政府制定的科技政策，都把加快技术进步作为一个重要的战略导向，例如，实施的人才强国战略和科教兴国战略。另外，部分学者认为我国如果遵循比较优势战略将会使我国技术进步陷入"比较优势陷阱"。欠发达国家想要利用技术进步促进产业结构升级，用制成品替代初级产品的出口，但由于自身技术基本薄弱，没有自主研发能力，在这种情况下，通过引进国外先进技术或者改进技术等方法来提高技术水平，进而提高在国际分工中的地位。但是这样会进入一个恶性循环，由于过度依赖于引进的技术，不能掌握核心技术，无法完成技术升级，又只能依赖发达国家的技术升级后继续引进，无法提高自主创新能力。另外，引进的国外技术必然不是最先进的技术，无法通过引进技术掌握前沿技术，那么就会使欠发达国家陷入"比较优势陷阱"。这也是部分专家坚持我国唯有走技术赶超路线，增强自主创新能力，才能在世界上处于领先地位的原因。

关于我国在技术进步路径的选择方面的研究上，不管从理论角度还是从实践角度都没有达成一致共识。然而综观现实，这两种观点并非完全对立，是可以相互融合的。也有一部分学者主张我国应该坚持技术引进和自主创新相结合。有些学者认为我国应该将自主创新与技术引进相结合。胡鞍钢（2003）强调"技术引进"与"自主创新"之间是存在一定互补性的，而并非严格相对。从更长远的角度出发，我国应该从模仿性创新驱动经济增长向创新驱动经济增长转变。李思一（2000）对日本、韩国等国家进行研究，认为后发国家必然要经历一个从技术引进、消化吸收到自主创新的过程。所以，有关我国技术进步的路径选择更多的是一种互补关系，而不是一个针锋相对的关系，林毅夫（2003）认为只有在充分发挥地方经济的比较优势的基础上，才能维持和创造自身的产业竞争优势，比较优势与竞争优势并不是绝对对立和替代关系。

从图 4.1 可以观察到我国 20 世纪 90 年代以来技术进步路径的变化趋势。1990 年以来我国自主创新投入（用研发投入衡量）呈现了大幅增加的趋势，从 1990 年的 125.43 亿元增加到 2013 年的 11846.6 亿元。国外技术引进合同缓慢增长，1995 年以来到 2013 年维持在 1000 亿~2000 亿元左右。可见 1990 年以后，引进技术的同时，我国一直重视自主研发，不断加大自主研发投入。《国家中长期科学和技术发展规划纲要（2006-2020 年）》中已经明确了坚定不移地走中国特色自主创新道路，把提高自主创新能力摆在全部科技工作的突出位置。改革开放四十年以来，我国发展基本是利用国外技术，早期是发达国家的二手技术，如果不加强自主创新，我国将被长期锁定在国际分工的低端。

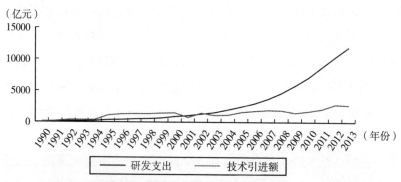

图 4.1 我国自主研发投入与技术引进合同金额的增长趋势

资料来源：1991~2014 年《中国科技统计年鉴》。

图 4.2 为我国技术进步路径选择系数（自主创新投入/技术引进经费比值），可以看出我国技术进步路径的演进，我国技术进步路径选择系数呈现了先平稳再高速增长的趋势，尤其是 2002 年后至今，我国自主研发经费投入呈现高速增长，自主研发经费投入与技术引进经费比值变增大。

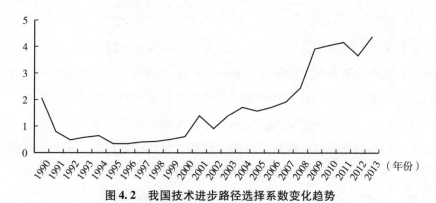

图 4.2　我国技术进步路径选择系数变化趋势

资料来源：1991～2014 年《中国科技统计年鉴》。

改革开放初期，我国创新要素禀赋短缺，为了提高我国技术水平，我国采用了"以市场换技术"的发展战略，外资的引进带动了我国经济的快速增长，也促进了我国技术水平的提升。这个时期，技术引进及国内企业模仿性创新对我国经济增长与技术进步发挥了至关重要的作用。然而随着我国经济发展水平的不断提升，刘易斯拐点的到来，人口红利消失，而当要素逐渐进入短缺状态，企业会理性地选择用技术替代要素，从而维持企业的持续竞争力，提升整个社会的创新能力。因此，自"十五"计划纲要首次提出建设国家创新体系以来，我国自主创新投入明显加强。

从以上可以看出，我国改革开放以来在技术进步路径上基本经历了"模仿性创新→以模仿性创新为主自主创新为辅→以自主创新为主模仿性创新为辅"，从而最终实现完全自主创新的过程。从现阶段来看，技术引进仍然是我国重要的技术进步来源。技术引进对我国的技术进步及自主创新能力的提升做出了重要的贡献和影响，然而这种技术进步并非中性的，它或者偏向于资本，或者偏向于技能型劳动者，为全面考察我国的技术进步方向，下一节将分全国层面、省际区域层面及制造业进行测算。

4.2　要素替代弹性及技术进步的偏向性测度方法

从技术进步偏向度测算角度来看，如第 2 章所述，国内外也积累了一定的研究，其中为避免戴蒙德等（Diamond et al. ，1978）所说的不可能定理相关的问题，雷钦礼（2013）将计量经济模型方法和指数方法结合，构造出一个测算方法，能同时测度单个年度及整个样本期间的技术进步偏向度，并且考虑了政府税收的存在，剔除了生产净税额这个楔子的影响，出于本书的研究目的，借鉴其方法来测算我国不同时期及改革开放以来各年份的技术进步偏向度，从而考察由于开放引起的技术进步偏向的时变特征。

4.2.1　技术进步偏向的测度方法

接下来将采用利润最大化法来推导技术进步偏向度的测算方法。企业是一个社会生产经营的主体，其目标是追求利润最大化，由于企业的成本除了劳动与资本以外，由于企业的运行过程中需要考虑政府部门的存在。因此须将政府税收考虑在内。设劳动工资率为 w_t，资本租金率水平是 r_t，政府税收税率为 τ_t，那么企业利润为总产出扣除资本成本、劳动力成本以及政府税收：

$$\pi_t = F(A_t K_t, \ B_t L_t) - r_t K_t - w_t L_t - \tau_t F(A_t K_t, \ B_t L_t) \qquad (4-1)$$

将式（4-1）分别对 K 和 L 求导，可得企业利润最大化的一阶条件为：

$$\frac{\partial \pi_t}{\partial K_t} = (1 - \tau_t) F_K - r_t = 0 \qquad (4-2)$$

$$\frac{\partial \pi_t}{\partial L_t} = (1 - \tau_t) F_L - w_t = 0 \qquad (4-3)$$

这表明，在政府税收存在的环境下，资本和劳动的报酬率分别为用生产税税率扣减后的各自的边际产出。

记单位有效劳动的产出 $\tilde{q} = Q/BL$，单位有效劳动的资本 $\tilde{k} = AK/BL$，则生产函数的集约形式可以为：

$$\tilde{q} = f(\tilde{k}) = F(AK/BL,\ 1) \qquad (4-4)$$

记 $s_t = 1 - \tau_t$，则资本的报酬率和劳动的工资率又分别可以写为：

$$r = sAf'(\tilde{k}) \qquad (4-5)$$

$$w = s'B[f(\tilde{k}) - \tilde{k}f'(\tilde{k})] \qquad (4-6)$$

生产中投入要素的替代弹性记为 σ，资本与劳动投入比 $k = K/L$，劳动边际产出与资本的边际产比率为 $p = F_L/F_K$，则：

$$\sigma = \frac{\partial \ln k}{\partial \ln p} = -\frac{\mathrm{d}(K/L)}{\mathrm{d}(F_K/F_L)} \bigg/ \frac{K/L}{F_K/F_L} \qquad (4-7)$$

假设生产函数是一次齐次函数，且二阶连续可微，根据欧拉定理可得：

$$\sigma = \frac{F_K F_L}{F F_{KL}} \qquad (4-8)$$

根据式（4-4）、式（4-8），资本和劳动的替代弹性又可表示为：

$$\sigma = -\frac{f'(\tilde{k})[f(\tilde{k}) - \tilde{k}f'(\tilde{k})]}{\tilde{k}f(\tilde{k})f''(\tilde{k})} \qquad (4-9)$$

记单位有效劳动的工资率为 $\tilde{w} = w/B$，则由式（4-6）可得：

$$\frac{\tilde{w}}{s} = f(\tilde{k}) - \tilde{k}f'(\tilde{k}) \qquad (4-10)$$

式（4-10）分别对 $(\tilde{w}/s)$ 求导：

$$1 = f'\frac{\mathrm{d}\tilde{k}}{\mathrm{d}\tilde{q}} \times \frac{\mathrm{d}\tilde{q}}{\mathrm{d}(\tilde{w}-s)} - \tilde{k}f''\frac{\mathrm{d}\tilde{k}}{\mathrm{d}\tilde{q}} \times \frac{\mathrm{d}\tilde{q}}{\mathrm{d}(\tilde{w}/s)} - f'\frac{\mathrm{d}\tilde{k}}{\mathrm{d}\tilde{q}} \times \frac{\mathrm{d}\tilde{q}}{\mathrm{d}(\tilde{w}/s)}$$

由式（4-4）可知：

$$\frac{\mathrm{d}\tilde{k}}{\mathrm{d}\tilde{q}} = \frac{1}{f'}$$

$$\therefore \frac{\mathrm{d}\tilde{q}}{\mathrm{d}(\tilde{w}/s)} = -\frac{f'}{kf''} \qquad (4-11)$$

将式（4-11）、式（4-10）、式（4-4）代入式（4-9），则要素替代弹性可表示为：

$$\sigma = \frac{\mathrm{d}\tilde{q}}{\mathrm{d}(\tilde{w}/s)} \times \frac{\tilde{w}/s}{\tilde{q}} \qquad (4-12)$$

根据劳动力人均产出 $q = Q/L$，有 $\tilde{q} = q/B$，又根据对数求导原理，由式 (4-12) 可得 σ 的又一个表达式：

$$\sigma = \frac{\dfrac{\dot{q}}{q} - \dfrac{\dot{B}}{B}}{\dfrac{\dot{w}}{w} - \dfrac{\dot{s}}{s} - \dfrac{\dot{B}}{B}} \qquad (4-13)$$

根据上式可以求解劳动增强型技术进步率：

$$\frac{\dot{B}}{B} = \frac{\dfrac{\dot{q}}{q} - \sigma\left(\dfrac{\dot{w}}{w} - \dfrac{\dot{s}}{s}\right)}{1 - \sigma}, \quad \sigma \neq 1 \qquad (4-14)$$

同理，记单位资本的产出为 $z = Q/K$，根据以上方法，资本增强型技术进步率为：

$$\frac{\dot{A}}{A} = \frac{\dfrac{\dot{z}}{z} - \sigma\left(\dfrac{\dot{r}}{r} - \dfrac{\dot{s}}{s}\right)}{1 - \sigma}, \quad \sigma \neq 1 \qquad (4-15)$$

根据希克斯（Hicks，1932）关于技术进步偏向的定义，戴蒙德（Diamond，1965）曾给出技术进步偏向指数为：

$$D = -\frac{\partial \ln p}{\partial t} = \frac{F_{K_t}}{F_K} - \frac{F_{L_t}}{F_L} \qquad (4-16)$$

式中，$F_{K_t} = \partial F_K / \partial t$，$F_{L_t} = \partial F_L / \partial t$，表示由技术进步所带来的资本的边际产出的增量，及由技术进步带来的劳动边际产出的增量。而技术进步偏向指数的含义则为由技术进步所带来的资本边际产出增长率减去劳动边际产出增长率。那么若 $D > 0$，则表明技术进步引起的资本边际产出增长率大于劳动边际产出增长率，称为技术进步偏向资本使用；若 $D < 0$，则表明技术进步引起的劳动边际产出增长率大于资本边际产出增长率，技术进步偏向劳动使用；若 $D = 0$，则技术进步引起的资本边际产出增长率等于劳动边际产出增长率，是希克斯中性技术进步。

假设技术进步是外生的，则资本增强型技术水平指数 A，和劳动增强型

技术水平指数 B，都是时间 t 的函数，可导出 D 的计算公式为：

$$D = \left(1 - \frac{1}{\sigma}\right)\left(\frac{\dot{A}}{A} - \frac{\dot{B}}{B}\right) \tag{4-17}$$

由式（4-17）可以看出，技术进步偏向取决于要素替代弹性 σ，以及劳动增强型技术进步速率和资本增强型技术进步速率大小。

4.2.2 要素替代弹性的估计

要测算技术进步偏向度，首先要估计要素替代弹性 σ，设生产函数为 CES 形式：

$$Q = \left[\theta(A_t K_t)^{-\rho} + (1-\theta)(B_t L_t)^{-\rho}\right]^{\rho} \tag{4-18}$$

$$\rho = (1-\sigma)/\sigma \geqslant -1$$

式中，$\theta \in (0, 1)$ 为要素分配参数，ρ 为替代参数，$\sigma \in (0, \infty)$ 为要素替代弹性。由式（4-18），可得资本与劳动的边际产出为：

$$F_K = \frac{\partial Q_t}{\partial K_t} = \theta A_t^{(\sigma-1)/\sigma}\left(\frac{Q_t}{K_t}\right)^{\frac{1}{\sigma}} \tag{4-19}$$

$$F_L = \frac{\partial Q_t}{\partial L_t} = (1-\theta) B_t^{(\sigma-1)/\sigma}\left(\frac{Q_t}{L_t}\right)^{\frac{1}{\sigma}} \tag{4-20}$$

将式（4-19）代入式（4-2），将式（4-20）代入式（4-3）则：

$$r_t = \theta(1-\tau_t) A_t^{(\sigma-1)/\sigma}\left(\frac{Q_t}{K_t}\right)^{\frac{1}{\sigma}} \tag{4-21}$$

$$w_t = (1-\theta)(1-\tau_t) B_t^{(\sigma-1)/\sigma}\left(\frac{Q_t}{L_t}\right)^{\frac{1}{\sigma}} \tag{4-22}$$

由于资本增强型技术水平 A_t 和劳动增强型技术水平 B_t 二者都不可观测，为了能够估计，可假设二者各自以指数变化，有 $A_t = A_0 e^{\gamma_{Kt} + \varepsilon_{Kt}}$，$B_t = B_0 e^{\gamma_{Lt} + \varepsilon_{Lt}}$，分别代入式（4-21）和式（4-22）后取对数：

$$\ln\left(\frac{Q_t}{K_t}\right) = \ln(\theta^{-\sigma} A_0^{1-\sigma}) + \gamma_K(1-\sigma)t + \sigma\ln\left(\frac{r_t}{1-\tau_t}\right) + (1-\sigma)\varepsilon_{Kt}$$

$$\tag{4-23}$$

$$\ln\left(\frac{Q_t}{L_t}\right) = \ln\left((1-\theta)^{-\sigma}B_0^{1-\sigma}\right) + \gamma_L(1-\sigma)t + \sigma\ln\left(\frac{w_t}{1-\tau_t}\right) + (1-\sigma)\varepsilon_{L_t}$$

$$(4-24)$$

式中，γ_K 为资本增强型技术水平的平均增长率，γ_L 为劳动增强型技术水平的平均增长率，ε_{K_t} 和 ε_{L_t} 为随机冲击项。显然，两随机冲击 ε_{K_t} 和 ε_{L_t} 可能存在同期相关，因此对式（4-23）和式（4-24）的估计需要用带约束的系统估计的方法。设：

$$y_{K_t} = \ln\left(\frac{Q_t}{K_t}\right), \quad y_{L_t} = \ln\left(\frac{Q_t}{L_t}\right),$$

$$x_{K_t} = \ln\left(\frac{r_t}{1-\tau_t}\right), \quad x_{L_t} = \ln\left(\frac{w_t}{1-\tau_t}\right)$$

则式（4-23）和式（4-24）就可简写为：

$$y_{K_t} = \delta_K + \eta_K t + \sigma x_{K_t} + u_{K_t} \qquad (4-25)$$

$$y_{L_t} = \delta_L + \eta_L t + \sigma x_{L_t} + u_{L_t} \qquad (4-26)$$

对于由 n 期观测值组成的时间序列样本，将式（4-25）和式（4-26）中被解释变量和解释变量的样本观测值分别堆积组成 $2n$ 维观测值向量 y 和 $2n \times 5$ 维观测值矩阵 X 为：

$$y = \begin{pmatrix} y_K \\ y_L \end{pmatrix}, \quad X = \begin{pmatrix} i & t & 0 & 0 & x_K \\ 0 & 0 & i & t & x_L \end{pmatrix}$$

式中，i 为取值全为 1 的 n 维向量，0 为 n 维 0 向量；同时，将式（4-25）和式（4-26）中的系数排列成向量 ϕ 为：

$$\phi = (\delta_K \quad \eta_K \quad \delta_L \quad \eta_L \quad \sigma)$$

则式（4-25）和式（4-26）的样本观测方程就可以合并写为：

$$y = X\phi + u \qquad (4-27)$$

式中，$u = (u_K' u_L')'$ 是 $2n$ 维随机干扰向量，记第 t 时期随机冲击向量 $u_t = (u_{K_t} \; u_{L_t})'$ 的协方差矩阵为：

$$E(u_t u_t') = \sum = \begin{pmatrix} \sigma_K^2 & \sigma_{KL} \\ \sigma_{LK} & \sigma_L^2 \end{pmatrix} \qquad (4-28)$$

则随机干扰向量 u 的协方差矩阵为：

$$E(u_t u_t') = \Omega = \sum \otimes I_n \qquad (4-29)$$

使用广义最小二乘（GLS）法对式（4-27）进行估计，可得回归系数向量 ϕ 的估计值为：

$$\hat{\phi} = (X'(\textstyle\sum^{-1} \otimes I)X)^{-1} X'(\textstyle\sum^{-1} \otimes I)y \qquad (4-30)$$

通常，随机冲击向量的协方差矩阵 $\sum$ 是未知的，这时先用普通最小二乘法估计得出其估计值 $\hat{\sum}$，然后再用广义最小二乘法估计模型的回归系数向量，即使用可行广义最小二乘（FGLS）方法进行估计。

4.3　要素替代弹性及技术进步的偏向性测算分析

考虑到我国经济区域及行业发展的不平衡，对外贸易活动活跃程度不同，从全国层面（不含港澳台地区）考察技术进步偏向度的同时，有必要分区域及行业进行考察，以全面了解全国、各区域及行业层面经济开放引致的偏向型技术进步对各自劳动收入份额的影响。本节内容分别对各层面的要素替代弹性及技术进步偏向度进行测算。

4.3.1　全国层面

4.3.1.1　数据说明

测算技术进步偏向度需要的数据有：

Q_t 表示社会最终产品的总产出。根据各省区市历年统计年鉴中公布的 GDP，折算成以 1978 年为基年的实际 GDP 值，作为总产出序列。

K_t 表示资本数量。国家统计局没有核算发布生产过程中资本的数量，实际固定资本存量，采用张军教授计算的固定资本存量，2006～2014 年根据其方法估算而得，得到 1978～2014 年各省的固定资产存量序列。

L_t 表示劳动力数量。各省历年统计年鉴中公布的各年年末从业人数序列。

r_t 表示资本报酬率。实际固定资产折旧与实际营业盈余之和除以实际固定资本投入量。

w_t 表示劳动报酬率。实际劳动者报酬总额除以从业人员数。

τ_t 表示政府生产税的税率。实际生产税净额除以实际 GDP。

将各年省级收入法计算的生产总值核算数据项目分别相加，计算得出了 1978～2014 年全国各年最终产品初次分配中劳动者报酬、固定资产折旧、生产税净额、营业盈余四个分项的数据，并折算成以 1978 年为基年的实际值。

4.3.1.2 替代弹性测算

考虑到我国改革开放进程中，1992 年社会主义市场经济体制的建立，加快了对外开放的步伐，以及在 2001 年我国加入世界贸易组织对我国经济的产生巨大影响，本书设置两个虚拟变量 D_{92} 和 D_{02} 来分别反映这两个事件：

$$D_{92} = \begin{cases} 0, & 1978 \sim 1991\, years \\ 1, & 1992 \sim 2014\, years \end{cases}$$

$$D_{02} = \begin{cases} 0, & 1978 \sim 2001\, years \\ 1, & 2002 \sim 2014\, years \end{cases}$$

我国建立社会主义市场经济体制以及加入世界贸易组织都可能不仅会导致模型截距项的改变，并且也可能会引起经济变量趋势的变化，两个虚拟变量加入到联立方程式（4-25）和式（4-26）中。使用带约束的似不相关回归方法进行估计，结果如表 4.1 所示。

在表 4.1 中，模型一为加入全部虚拟变量的估计结果，模型二是剔除不显著虚拟变量后的估计结果。从模型二可见，资本与劳动替代弹性的估计值为 0.4539，显著小于 1，这与我国大部分学者估计结果基本一致，例如，戴天仕和徐现祥（2010）估算的我国 1978～2005 年替代弹性为 0.736，雷钦礼（2013）利用利润最大化方法，估计我国 1990～2011 年替代弹性为 0.38，陆雪琴等（2013）基于中国 1978～2011 年数据估算的要素替代弹性为 0.78，均显著小于 1。

表 4.1 全国层面替代弹性估计结果

变量或参数	模型一		模型二	
	$\ln\left(\dfrac{Y_t}{K_t}\right)$	$\ln\left(\dfrac{Y_t}{L_t}\right)$	$\ln\left(\dfrac{Y_t}{K_t}\right)$	$\ln\left(\dfrac{Y_t}{L_t}\right)$
常数项	−23.0094 *** (−4.08)	−107.2434 *** (−20.16)	−32.1975 *** (−5.50)	−108.4372 *** (−20.37)
σ	0.6349 *** (9.28)	0.6349 *** (9.28)	0.4539 *** (7.60)	0.4539 *** (7.60)
t	0.0118 *** (4.20)	0.0578 *** (21.56)	0.0163 *** (5.57)	0.0583 *** (21.76)
D_{92}	55.3693 *** (4.86)	−80.704 *** (−7.80)	71.5672 *** (9.03)	−80.2928 *** (−13.49)
$D_{92} \times t$	−0.0278 *** (−4.87)	0.0406 *** (7.81)	−0.0359 *** (−9.02)	0.0403 *** (13.48)
D_{02}	−13.6481 (−1.50)	11.9430 (1.11)	—	—
$D_{02} \times t$	0.0068 (1.49)	−0.0059 (−1.10)	—	—
R^2	0.9716	0.9980	0.9602	0.9982

注：*** 表示在 1% 的水平上显著，** 表示在 5% 的水平上显著，* 表示在 10% 的水平上显著；统计量下方是 t 值。

4.3.1.3 技术进步偏向度测算

根据要素替代弹性 σ 的估计值和时间变量 t 的系数估计值，还可以推算出资本增强型技术进步的平均速率 γ_K、和劳动增强型技术进步的平均速率 γ_L

的估计值，并由式（4 – 17）还可以推算出期间的平均技术进步偏向指数值，推算的结果如表4.2所示。

表4.2 偏向型技术进步速率与指数的估计结果

时段	γ_K	γ_L	D
1978～1991 年	0.0299	0.1068	0.0925
1992～2001 年	– 0.0359	0.1807	0.2606
2002～2014 年	– 0.0359	0.1807	0.2606

由表4.2的推算结果可以看出，在1978～2014年的整个样本期间，我国技术进步平均是资本偏向型的。1978～1991年期间，我国资本的生产效率平均每年上升2.99%，自1992年确立社会主义市场经济体制的新思想，新一轮的改革开放，带来了社会经济的快速发展，同时，我们观察到1992～2002年期间，资本生产效率下降了3.59%，2002年后，即我国加入世界贸易组织以后，资本生产效率平均每年下降3.59%。这说明，生产同等量的产出，需要投入更多的资本，资本的效率在1992年以后明显下降了。而劳动的生产效率在1978～2014年间平均每年都上升，1978～1991年为9.25%，1992年后为26.06%。说明生产同等量的产出投入的劳动减少了，劳动的生产率提高了。

根据式（4 – 15）、式（4 – 14）以及式（4 – 17）可测得样本期内每年的资本和劳动各自的技术进步速率和偏向性指数，及各年技术进步偏向度，测算结果如表4.3所示。

由表4.3中的计算结果可以看出，整个样本期间，改革开放之初，资本的效率是正的，说明生产同样的产品，投入的资本减少，资本生产效率提高。但是1985年以后资本的生产效率都在下降，2014年下降幅度达到了25.58%，资本的产出效率大幅下降。这也说明我国一直以来投资效率的低下，粗放式的发展方式不可持续。但劳动生产效率除2008年外每年都在提升，2008年受经济危机影响，对劳动生产效率有一定冲击，下降了2.01%。

整个期间内劳动的生产效率都有不同程度速度的提升。

表 4.3　　　　　1979 ～ 2014 年偏向型技术进步速率与偏向指数

年份	$\dfrac{\dot{A}}{A}$	$\dfrac{\dot{B}}{B}$	D	年份	$\dfrac{\dot{A}}{A}$	$\dfrac{\dot{B}}{B}$	D
1979	0.1160	0.0670	-0.0589	1997	-0.1618	0.1149	0.3329
1980	0.0635	0.0948	0.0376	1998	-0.1495	0.1050	0.3062
1981	0.0557	0.0324	-0.0280	1999	-0.1752	0.1088	0.3417
1982	0.0931	0.0843	-0.0106	2000	-0.2328	0.1193	0.4236
1983	0.0158	0.1068	0.1095	2001	-0.1289	0.0858	0.2583
1984	0.0372	0.1530	0.1394	2002	-0.1085	0.1194	0.2742
1985	-0.0435	0.1519	0.2350	2003	-0.1336	0.1544	0.3465
1986	-0.1089	0.0794	0.2266	2004	-0.2214	0.2312	0.5445
1987	-0.1219	0.1147	0.2846	2005	-0.1265	0.1213	0.2982
1988	-0.1100	0.1041	0.2575	2006	-0.2073	0.1622	0.4446
1989	-0.1399	0.0513	0.2300	2007	-0.1630	0.1533	0.3805
1990	-0.0157	0.0225	0.0460	2008	-0.0203	-0.0201	0.0002
1991	-0.0653	0.1150	0.2169	2009	-0.1452	0.1097	0.3066
1992	-0.0373	0.1878	0.2708	2010	-0.2116	0.1620	0.4494
1993	-0.0851	0.1695	0.3062	2011	-0.1753	0.1159	0.3503
1994	-0.1275	0.1299	0.3097	2012	-0.1537	0.0857	0.2880
1995	-0.1585	0.1204	0.3356	2013	-0.2467	0.0890	0.4039
1996	-0.1849	0.1192	0.3658	2014	-0.2558	0.0730	0.3956

　　在整个样本期间，改革开放之初，1979 年、1981 年和 1982 年技术进步是偏向于劳动使用和资本节约的，但是 1983 年以来我国技术进步每年都是偏向于资本使用和劳动节约的。总体来看，虽然 2008 年受经济危机影响，劳动生产率出现了下降的情况，整个期间内劳动的生产效率都有不同程度速度的提升。

真实的经济数据和本模型的回归结果在趋势上是一致的，表4.4是1979～2014年我国劳动生产率（劳动报酬/就业人数）、资本生产率 $\left(\dfrac{营业盈余 + 资本折旧}{物质资本存量}\right)$ 及其增长率的演变情况。

表 4.4　　　　1979～2014 年我国劳动生产率、资本生产率及其增长率

年份	劳动生产率（元/人）	增长率（%）	资本生产率（%）	增长率（%）
1979	887.59	3.59	49	-0.96
1980	889.89	0.26	47	-2.56
1981	892.22	0.26	46	-2.10
1982	879.04	-1.48	44	-5.19
1983	866.91	-1.38	41	-6.61
1984	867.24	0.04	39	-5.67
1985	893.89	3.07	37	-5.40
1986	898.75	0.54	34	-8.56
1987	922.52	2.64	31	-6.81
1988	1009.89	9.47	31	-0.06
1989	1085.66	7.50	32	1.26
1990	1005.72	-7.36	32	1.75
1991	1047.84	4.19	32	-1.73
1992	1112.27	6.15	31	-2.02
1993	1256.22	12.94	32	1.84
1994	1459.21	16.16	33	3.87
1995	1652.15	13.22	33	1.58
1996	1782.18	7.87	32	-2.40
1997	1815.30	1.86	30	-7.10
1998	1799.45	-0.87	27	-10.00
1999	1766.85	-1.81	24	-10.06
2000	1800.99	1.93	23	-6.47

续表

年份	劳动生产率（元/人）	增长率（%）	资本生产率（%）	增长率（%）
2001	1814.27	0.74	21	-7.81
2002	1834.37	1.11	19	-8.52
2003	1913.44	4.31	18	-7.51
2004	2076.36	8.51	17	-4.65
2005	2200.10	5.96	16	-8.46
2006	2271.03	3.22	14	-11.71
2007	2377.68	4.70	12	-10.80
2008	2575.32	8.31	12	-5.20
2009	2570.99	-0.17	10	-14.36
2010	2770.06	7.74	9	-7.88
2011	3004.83	8.47	9	-7.07
2012	3068.99	2.14	7	-13.23
2013	3122.43	1.74	6	-13.01
2014	3128.24	0.19	6	-2.52

资料来源：历年《中国统计年鉴》。

从表4.4可以看到，1979～2014年我国劳动生产率不断上升，而在2002年前资本生产率还有若干年有所上升，但是绝大多数年份是下降的，在2002年后则更是全部下降，且下降的速度还在加快。这说明理论计算的资本和劳动增强型技术进步指数的增长率与真实经济的表现是基本一致的，同时也说明加入世界贸易组织对资本偏向型技术进步是加强的，也从一个侧面说明了我国经济开放是资本偏向性技术进步的一个诱因。

4.3.2 省际层面

省际层面测算所需数据与全国一致。首先对替代弹性进行估算。与全国同样，考虑到我国改革开放进程中，1992 年社会主义市场经济体制的建立，加快了对外开放的步伐，以及在 2001 年我国加入世界贸易组织对我国经济产生的巨大影响，本书设置两个虚拟变量 D_{92} 和 D_{02} 来分别反映这两个事件，结果如表 4.5 和表 4.6 所示。

表 4.5　　　　　　　　　　东、中、西部地区替代弹性估计结果

变量或参数	模型一					
	东部		中部		西部	
	$\ln\left(\dfrac{Y_t}{K_t}\right)$	$\ln\left(\dfrac{Y_t}{L_t}\right)$	$\ln\left(\dfrac{Y_t}{K_t}\right)$	$\ln\left(\dfrac{Y_t}{L_t}\right)$	$\ln\left(\dfrac{Y_t}{K_t}\right)$	$\ln\left(\dfrac{Y_t}{L_t}\right)$
常数项	-6.9301^* (-1.70)	-127.4703^{***} (-21.78)	-12.1966^{**} (-2.28)	-98.2254^{***} (-22.33)	-61.9378^{***} (-4.13)	-86.2118^{***} (-12.80)
σ	0.6149^{***} (9.45)	0.6149^{***} (9.45)	0.4742^{***} (6.75)	0.4742^{***} (6.75)	0.5546^{***} (7.31)	0.5546^{***} (7.31)
t	0.0036^{***} (1.79)	0.0681^{***} (23.11)	0.0063^{**} (2.35)	0.0123^{***} (24.01)	0.0313^{***} (4.19)	0.0470^{***} (13.84)
D_{92}	48.6372^{***} (5.61)	-80.6842^{***} (-7.13)	35.3559^{***} (3.30)	0.0531^{***} (-6.99)	81.9774^{***} (4.49)	-78.7781^{***} (-6.01)
$D_{92} \times t$	-0.0244^{***} (-5.62)	0.0406^{***} (7.15)	$-.01775^{***}$ (-3.30)	-59.7050^{***} (7.00)	$-.0412^{***}$ (-4.49)	0.0395^{***} (6.02)
D_{02}	-34.9688^{***} (-4.42)	54.5135^{***} (4.63)	31.2463^{***} (2.59)	-34.9948^{***} (-3.94)	24.9672^{**} (2.10)	-41.6633^{***} (-3.06)
$D_{02} \times t$	0.0174^{***} (4.41)	-0.0272^{***} (-4.62)	-0.0156^{***} (3.95)	0.0175^{***} (3.95)	-0.01252^{**} (-2.11)	0.0208^{***} (3.06)
R^2	0.9856	0.9979	0.9571	0.9985	0.9848	0.9965

注：*** 表示在 1% 的水平上显著，** 表示在 5% 的水平上显著，* 表示在 10% 的水平上显著；统计量下方是 t 值。

表 4.6   1978～2014 年各省份替代弹性估计结果

地区	省份	σ	地区	省份	σ
东部地区	北京市	0.4416	中部地区	河南省	0.2097
	天津市	0.3453		湖北省	0.334
	河北省	0.2073		湖南省	0.3326
	上海市	0.7246		中部地区合计	0.4742
	江苏省	0.7596	西部地区	内蒙古自治区	0.3012
	浙江省	0.5434		广西壮族自治区	0.2139
	福建省	0.2397		四川省	0.665
	山东省	0.2001		贵州省	0.2379
	广东省	0.2745		云南省	0.1998
	东部地区合计	0.6149		陕西省	0.515
中部地区	山西省	0.4558		甘肃省	0.2853
	辽宁省	0.822		青海省	0.3258
	吉林省	0.2727		宁夏回族自治区	0.2546
	黑龙江省	0.4854		新疆维吾尔自治区	0.4382
	安徽省	0.6096		西部地区合计	0.5546
	江西省	0.1144			

注：不含港澳台地区。

由表 4.5、表 4.6 可见，我国各省份 1978～2014 年期间要素替代弹性均小于 1。东、中、西部地区资本与劳动替代弹性的估计值分别为 0.6149、0.4742、0.5546。从各省的替代弹性看，我国各地区替代弹性表现为发达地区的替代弹性水平高于中西部欠发达地区，同样支持德拉格兰德维尔（De La Grandville）假说。德拉格兰德维尔假说主要论述了要素替代弹性对经济增长有促进作用，发达的地区替代弹性较高。

根据要素替代弹性 σ 的估计值和时间变量 t 的系数估计值，推算出各省份及各区域 γ_K、γ_L 及平均技术进步偏向度 D 的估计值，结果如表 4.7 所示。

表 4.7　各省份偏向型技术进步速率与指数的估计结果

地区	省份	时段	γ_K	γ_L	D
东部地区	北京	1978~1991年	-0.0508	0.0987	0.1890
		1991~2001年	-0.0153	0.2293	0.3093
		2002~2014年	0.0275	0.0900	0.0790
	天津	1978~1991年	0.0124	0.1056	0.1767
		1991~2001年	0.0124	0.1056	0.1767
		2002~2014年	-0.0223	0.1382	0.3043
	河北	1978~1991年	0.0509	0.0766	0.0983
		1991~2001年	-0.0359	0.1315	0.6401
		2002~2014年	-0.0359	0.1067	0.5452
	上海	1978~1991年	-0.0137	0.1375	0.0575
		1991~2001年	-0.0137	0.3677	0.1449
		2002~2014年	0.0474	0.1897	0.0541
	江苏	1978~1991年	-0.0483	0.4708	0.1643
		1991~2001年	-0.0483	0.4708	0.1643
		2002~2014年	-0.0483	0.4708	0.1643
	浙江省	1978~1991年	0.1034	0.1905	0.0732
		1991~2001年	-0.2172	0.2724	0.4114
		2002~2014年	-0.0116	0.1634	0.1470

地区	省份	时段	γ_K	γ_L	D
东部地区	福建	1978~1991年	0.0323	0.0978	0.2078
		1991~2001年	-0.0372	0.1645	0.6395
		2002~2014年	-0.0372	0.1054	0.4520
	山东	1978~1991年	0.0168	0.0926	0.3032
		1991~2001年	-0.0294	0.1062	0.5420
		2002~2014年	-0.0294	0.1280	0.6292
	广东	1978~1991年	-0.0259	0.1317	0.4165
		1991~2001年	-0.0583	0.1561	0.5667
		2002~2014年	-0.0184	0.1024	0.3194
	东部合计	1978~1991年	0.0096	0.1769	0.1048
		1991~2001年	-0.0538	0.2822	0.2105
		2002~2014年	-0.0085	0.2115	0.1378
中部地区	山西	1978~1991年	-0.0003	0.1085	0.1299
		1991~2001年	-0.0003	0.1908	0.2281
		2002~2014年	-0.0448	0.1373	0.2174
	辽宁	1978~1991年	0.0303	0.2951	0.0573
		1991~2001年	0.0303	0.4917	0.0999
		2002~2014年	0.0303	0.4917	0.0999

续表

地区	省份	时段	γ_K	γ_L	D
中部地区	吉林	1978~1991 年	0.0439	0.0605	0.0443
		1991~2001 年	0.0065	0.1487	0.3792
		2002~2014 年	-0.0994	0.1487	0.6617
	黑龙江	1978~1991 年	-0.0170	0.0549	0.0763
		1991~2001 年	0.0126	0.1352	0.1300
		2002~2014 年	-0.0437	0.1848	0.2422
	安徽	1978~1991 年	-0.0466	0.1512	0.1267
		1991~2001 年	-0.0466	0.2611	0.1971
		2002~2014 年	-0.0466	0.2611	0.1971
	江西	1978~1991 年	0.0312	0.0659	0.2690
		1991~2001 年	-0.0444	0.0934	1.0667
		2002~2014 年	-0.0444	0.1166	1.2464
	河南	1978~1991 年	0.0004	0.0848	0.3183
		1991~2001 年	-0.0349	0.1030	0.5195
		2002~2014 年	-0.0628	0.1234	0.7020
	湖北	1978~1991 年	0.0241	0.0860	0.1234
		1991~2001 年	-0.0386	0.1145	0.3052
		2002~2014 年	-0.0386	0.1762	0.4283

地区	省份	时段	γ_K	γ_L	D
中部地区	湖南	1978~1991 年	0.0403	0.0738	0.0671
		1991~2001 年	-0.0103	0.1237	0.2689
		2002~2014 年	-0.0467	0.1650	0.4248
	中部合计	1978~1991 年	-0.0338	0.1011	0.1495
		1991~2001 年	-0.0675	0.1581	0.2502
		2002~2014 年	-0.0972	0.1915	0.3201
西部地区	内蒙古	1978~1991 年	0.0030	0.0985	0.2216
		1991~2001 年	-0.0461	0.1479	0.4501
		2002~2014 年	-0.0763	0.1762	0.5856
	广西	1978~1991 年	0.0776	0.0537	-0.0881
		1991~2001 年	-0.0368	0.1116	0.5456
		2002~2014 年	-0.0718	0.1116	0.6740
	四川	1978~1991 年	0.0677	0.0651	-0.0013
		1991~2001 年	-0.0240	0.2757	0.1510
		2002~2014 年	-0.0646	0.3830	0.2255
	贵州	1978~1991 年	0.0401	0.0706	0.0977
		1991~2001 年	0.0401	0.0706	0.0977
		2002~2014 年	-0.0035	0.1184	0.3906

续表

地区	省份	时段	γ_K	γ_L	D
西部地区	云南	1978~1991年	0.1060	0.0817	-0.0971
		1991~2001年	-0.0335	0.0962	0.5196
		2002~2014年	-0.0335	0.1073	0.5639
	陕西	1978~1991年	0.0462	0.1343	0.0830
		1991~2001年	-0.0171	0.1916	0.1966
		2002~2014年	-0.0450	0.2315	0.2604
	甘肃	1978~1991年	0.1298	0.0575	-0.1811
		1991~2001年	0.0287	0.1291	0.2515
		2002~2014年	-0.0339	0.1291	0.4084
	青海	1978~1991年	0.0899	0.0557	-0.0708
		1991~2001年	0.0003	0.1053	0.2173
		2002~2014年	-0.0286	0.1656	0.4017
西部地区	宁夏	1978~1991年	0.0813	0.0787	-0.0075
		1991~2001年	0.0349	0.1055	0.2069
		2002~2014年	-0.0560	0.1257	0.5319
	新疆	1978~1991年	-0.0288	0.1568	0.2380
		1991~2001年	-0.0288	0.1568	0.2380
		2002~2014年	-0.0123	0.1053	0.1508
	西部合计	1978~1991年	0.0704	0.1055	0.0282
		1991~2001年	-0.0220	0.1943	0.1738
		2002~2014年	-0.0502	0.2411	0.2339

由表 4.7 的推算结果可以看出，在 1978～2014 年的整个样本期间，我国各省份的技术进步平均是偏向于资本使用的。且大部分省份资本增强型技术进步的平均速率均为负，劳动增强型技术进步的平均速率为正，各省份资本的生产效率平均是下降的，而劳动的生产效率平均是提高的。1992 年在中国改革开放的历程中有重大意义，经济的进一步对外开放对各省份的资本增强型技术进步及劳动增强型技术进步均有一定的影响，并且表现出一定的差异性。大部分省份在 1992 年前资本的生产效率平均是上升的，1992 年以后，大部分省份的资本增强型技术进步速率变为负值。从东、中、西部来看，东部地区的劳动增强型技术进步平均速率在 1978～2001 年间是上升，加入世界贸易组织后速率下降到 13.78%，中、西部地区在整个观察期劳动增强型技术进步平均速率在上升，加入世界贸易组织后中部地区为 19.15%，西部地区达到 32.01%。从技术基本偏向指数来看，整个样本期间，所有省份的平均技术进步偏向指数值均大于 0，技术进步是偏向劳动节约的。

参照全国测算方法，各区域历年资本和劳动各自的技术进步速率和偏向性指数如表 4.8 所示。

表 4.8　1979～2014 年东、中、西部地区偏向型技术进步速率与偏向指数

年份	东部地区			中部地区			西部地区		
	$\frac{\dot{A}}{A}$	$\frac{\dot{B}}{B}$	D	$\frac{\dot{A}}{A}$	$\frac{\dot{B}}{B}$	D	$\frac{\dot{A}}{A}$	$\frac{\dot{B}}{B}$	D
1979	0.0795	0.0094	−0.0439	0.0503	0.0701	0.0220	0.2045	0.0936	−0.0890
1980	−0.0353	0.1131	0.0929	0.0019	0.0853	0.0924	0.1898	0.0837	−0.0852
1981	−0.0286	0.0370	0.0411	0.0420	0.0093	−0.0363	0.1125	0.0161	−0.0775
1982	−0.0034	0.0616	0.0407	0.0470	0.0732	0.0290	0.2388	0.1103	−0.1032
1983	−0.1516	0.1034	0.1597	−0.0203	0.1129	0.1477	0.1327	0.1073	−0.0204
1984	−0.1084	0.1378	0.1542	0.0081	0.1528	0.1604	0.0798	0.1624	0.0664
1985	−0.2007	0.1649	0.2290	−0.1216	0.1434	0.2939	0.0937	0.1601	0.0533
1986	−0.2706	0.0742	0.2160	−0.1555	0.0566	0.2352	0.0356	0.1312	0.0768

年份	东部地区			中部地区			西部地区		
	$\frac{\dot{A}}{A}$	$\frac{\dot{B}}{B}$	D	$\frac{\dot{A}}{A}$	$\frac{\dot{B}}{B}$	D	$\frac{\dot{A}}{A}$	$\frac{\dot{B}}{B}$	D
1987	− 0. 2829	0. 1529	0. 2730	− 0. 1397	0. 1191	0. 2869	− 0. 1146	0. 0458	0. 1289
1988	− 0. 2808	0. 0723	0. 2212	− 0. 1317	0. 1054	0. 2628	− 0. 0324	0. 1167	0. 1197
1989	− 0. 2881	0. 0773	0. 2289	− 0. 1372	0. 0446	0. 2015	− 0. 0722	0. 0321	0. 0838
1990	− 0. 0784	− 0. 0028	0. 0474	− 0. 0228	0. 0019	0. 0274	0. 1178	0. 0379	− 0. 0641
1991	− 0. 1475	0. 1434	0. 1822	− 0. 0983	0. 0866	0. 2050	− 0. 0665	0. 1169	0. 1473
1992	− 0. 1735	0. 2397	0. 2588	− 0. 0543	0. 1862	0. 2666	0. 0146	0. 1300	0. 0927
1993	− 0. 3205	0. 2355	0. 3482	− 0. 0271	0. 1150	0. 1575	− 0. 0387	0. 1123	0. 1213
1994	− 0. 3479	0. 1586	0. 3173	− 0. 0223	0. 0669	0. 0989	− 0. 1443	0. 1316	0. 2215
1995	− 0. 3853	0. 1432	0. 3310	− 0. 0773	0. 0815	0. 1761	− 0. 0946	0. 0989	0. 1554
1996	− 0. 3933	0. 1633	0. 3487	− 0. 1432	0. 0685	0. 2347	− 0. 1209	0. 0997	0. 1772
1997	− 0. 3299	0. 1191	0. 2813	− 0. 1263	0. 1047	0. 2561	− 0. 1394	0. 1134	0. 2030
1998	− 0. 2560	0. 0827	0. 2121	− 0. 1621	0. 1264	0. 3199	− 0. 1755	0. 0913	0. 2142
1999	− 0. 2957	0. 1193	0. 2599	− 0. 1830	0. 1137	0. 3290	− 0. 2304	0. 0893	0. 2567
2000	− 0. 3827	0. 1325	0. 3227	− 0. 2470	0. 1172	0. 4038	− 0. 2989	0. 1171	0. 3341
2001	− 0. 2399	0. 0805	0. 2007	− 0. 0825	0. 1260	0. 2311	− 0. 2114	0. 0738	0. 2290
2002	− 0. 1966	0. 1349	0. 2076	− 0. 1040	0. 1055	0. 2322	− 0. 2153	0. 1255	0. 2737
2003	− 0. 2316	0. 1823	0. 2592	− 0. 1529	0. 1474	0. 3329	− 0. 2662	0. 1668	0. 3477
2004	− 0. 3863	0. 3183	0. 4414	− 0. 2530	0. 2425	0. 5493	− 0. 4081	0. 2532	0. 5311
2005	− 0. 2077	0. 1089	0. 1984	− 0. 1339	0. 1156	0. 2766	− 0. 2503	0. 1394	0. 3129
2006	− 0. 3343	0. 1793	0. 3217	− 0. 2324	0. 1635	0. 4389	− 0. 3621	0. 1774	0. 4333
2007	− 0. 2565	0. 1686	0. 2663	− 0. 2095	0. 1491	0. 3975	− 0. 2964	0. 1676	0. 3726
2008	− 0. 0003	− 0. 1790	− 0. 1120	− 0. 0776	− 0. 0066	0. 0788	0. 0316	− 0. 1007	− 0. 1063
2009	− 0. 1959	0. 0817	0. 1739	− 0. 2074	0. 1151	0. 3576	− 0. 2714	0. 1568	0. 3439
2010	− 0. 3329	0. 1903	0. 3277	− 0. 2635	0. 1701	0. 4808	− 0. 3469	0. 1805	0. 4235
2011	− 0. 2470	0. 0942	0. 2137	− 0. 2084	0. 1198	0. 3640	− 0. 3397	0. 1744	0. 4128

续表

年份	东部地区			中部地区			西部地区		
	$\dfrac{\dot{A}}{A}$	$\dfrac{\dot{B}}{B}$	D	$\dfrac{\dot{A}}{A}$	$\dfrac{\dot{B}}{B}$	D	$\dfrac{\dot{A}}{A}$	$\dfrac{\dot{B}}{B}$	D
2012	-0.2043	0.0527	0.1610	-0.1839	0.0874	0.3009	-0.2898	0.1244	0.3326
2013	-0.2865	0.0486	0.2099	-0.3772	0.1067	0.5366	-0.3524	0.1307	0.3880
2014	-0.3454	0.0756	0.2638	-0.3445	0.0687	0.4581	-0.2986	0.0484	0.2787

由表 4.8 的计算结果可以看出，在 1979～2014 年期间，东、中、西部地区资本的生产效率基本都在下降。东部地区除 1979 年、2008 年外资本的生产效率都在下降；中部地区在改革开放头几年资本的生产效率有所上升，投资效率相对较高，在 1983 年后出现下降的趋势；西部地区在 1979～1992 年间资本的生产效率基本是上升的，但从 1992 年后出现下降。各地区劳动的生产效率除 2008 年以外每年都在上升，2008 年的金融危机对劳动生产效率产生了较大的冲击。在整个样本期间，除 2008 年外，技术进步基本都偏向于资本使用和劳动节约，西部地区在改革开放之初表现为劳动使用和资本节约型。

真实的经济数据和本模型的回归结果在趋势上是一致的，表 4.9 是 1979～2014 年间我国各区域劳动生产率（劳动报酬/就业人数）、资本生产率（（营业盈余＋资本折旧）/物质资本存量）及其增长率的演变情况。

从表 4.9 可以看到，1979～2014 年间我国东、中、西部地区劳动生产率不断上升。资本生产率各区域表现出下降的趋势，东部地区在 1992 年前资本生产率还有若干年有所上升，但是绝大多数年份是下降的，在 1993 年后下降趋势更明显；中、西部地区类似，在改革开放初期资本生产效率有所上升，但 1994 年后出现下降，且 2002 年后下降的速度还在加快，这说明理论计算的资本和劳动增强型技术进步指数的增长率与真实经济的表现是基本一致的，同时也说明加入世界贸易组织对资本偏向型技术进步是加强的，也从一个侧面说明了我国经济开放是资本偏向型技术进步的一个诱因。

表4.9 1979~2014年我国各地区劳动生产率、资本生产率及其增长率

年份	东部地区				中部地区				西部地区			
	劳动报酬率(元/人)	增长率(%)	资本报酬率(%)	增长率(%)	劳动报酬率(元/人)	增长率(%)	资本报酬率(%)	增长率(%)	劳动报酬率(元/人)	增长率(%)	资本报酬率(%)	增长率(%)
1979	512.23	12.62	32.02	1.67	495.44	8.00	24.86	3.82	440.91	8.02	8.18	13.98
1980	546.90	6.77	33.97	6.11	510.39	3.02	26.42	6.25	460.28	4.39	8.99	9.94
1981	574.88	5.12	33.64	-0.98	544.86	6.75	25.08	-5.04	464.98	1.02	9.58	6.55
1982	626.43	8.97	34.35	2.12	574.21	5.39	26.11	4.07	507.26	9.09	11.01	14.88
1983	651.98	4.08	34.61	0.74	625.38	8.91	27.54	5.48	527.76	4.04	12.57	14.18
1984	757.42	16.17	35.99	4.00	701.07	12.10	28.69	4.20	580.04	9.91	15.64	24.48
1985	843.20	11.33	37.25	3.51	735.97	4.98	29.95	4.37	571.05	-1.55	17.78	13.66
1986	889.99	5.55	34.87	-6.40	766.10	4.09	27.36	-8.63	585.15	2.47	18.05	1.53
1987	957.73	7.61	34.88	0.02	809.49	5.66	27.69	1.21	609.63	4.18	19.23	6.54
1988	1066.65	11.37	33.32	-4.46	851.06	5.13	27.79	0.36	637.79	4.62	20.47	6.44
1989	1089.26	2.12	29.82	-10.52	868.99	2.11	26.26	-5.53	640.25	0.39	20.32	-0.73
1990	1120.89	2.90	26.73	-10.36	896.79	3.20	24.32	-7.39	686.17	7.17	19.79	-2.64
1991	1216.95	8.57	27.59	3.21	893.33	-0.39	25.35	4.27	710.58	3.56	22.26	12.49
1992	1370.03	12.58	30.16	9.32	934.59	4.62	28.73	13.30	787.61	10.84	23.76	6.75
1993	1597.79	16.62	33.03	9.51	1053.19	12.69	30.22	5.20	858.15	8.96	24.07	1.30
1994	1867.87	16.90	31.84	-3.59	1217.17	15.57	28.15	-6.85	930.29	8.41	25.13	4.39

续表

年份	东部地区				中部地区				西部地区			
	劳动报酬率（元/人）	增长率（%）	资本报酬率（%）	增长率（%）	劳动报酬率（元/人）	增长率（%）	资本报酬率（%）	增长率（%）	劳动报酬率（元/人）	增长率（%）	资本报酬率（%）	增长率（%）
1995	2082.09	11.47	30.35	-4.69	1370.65	12.61	26.68	-5.24	1044.64	12.29	25.08	-0.17
1996	2311.17	11.00	29.02	-4.39	1468.01	7.10	25.81	-3.25	1135.72	8.72	25.07	-0.07
1997	2569.27	11.17	27.24	-6.12	1587.66	8.15	25.38	-1.66	1239.88	9.17	25.41	1.38
1998	2877.51	12.00	25.50	-6.38	1698.96	7.01	26.18	3.13	1334.31	7.62	24.65	-2.99
1999	3150.49	9.49	24.61	-3.50	1771.05	4.24	26.35	0.67	1431.16	7.26	23.60	-4.27
2000	3357.56	6.57	22.91	-6.93	1839.76	3.88	25.43	-3.50	1528.25	6.78	22.73	-3.70
2001	3507.12	4.45	22.13	-3.38	2063.74	12.17	26.24	3.20	1589.83	4.03	21.74	-4.34
2002	3829.45	9.19	22.60	2.12	2235.52	8.32	26.39	0.57	1712.97	7.75	21.63	-0.53
2003	4124.53	7.71	23.56	4.26	2334.87	4.44	27.63	4.69	1855.13	8.30	22.65	4.73
2004	4107.20	-0.42	25.96	10.16	2293.94	-1.75	31.81	15.12	1897.45	2.28	24.81	9.52
2005	4533.57	10.38	25.34	-2.39	2520.86	9.89	30.75	-3.32	2092.72	10.29	23.62	-4.77
2006	5004.25	10.38	25.30	-0.17	2741.33	8.75	30.49	-0.86	2288.59	9.36	23.44	-0.77
2007	5405.22	8.01	25.22	-0.30	2994.98	9.25	29.44	-3.43	2532.94	10.68	22.93	-2.17
2008	6970.29	28.95	21.42	-15.08	3900.19	30.22	24.53	-16.68	3433.19	35.54	18.28	-20.28
2009	7674.64	10.11	20.69	-3.37	4269.54	9.47	22.46	-8.46	3756.50	9.42	17.87	-2.25
2010	8120.30	5.81	21.04	1.66	4646.21	8.82	22.16	-1.33	4107.88	9.35	17.50	-2.07

续表

年份	东部地区				中部地区				西部地区			
	劳动报酬率（元/人）	增长率（%）	资本报酬率（%）	增长率（%）	劳动报酬率（元/人）	增长率（%）	资本报酬率（%）	增长率（%）	劳动报酬率（元/人）	增长率（%）	资本报酬率（%）	增长率（%）
2011	8801.50	8.39	20.06	-4.66	5185.35	11.60	20.75	-6.37	4498.73	9.51	16.90	-3.42
2012	9698.92	10.20	18.82	-6.20	5719.71	10.31	18.84	-9.18	5040.38	12.04	15.89	-5.97
2013	10712.35	10.45	17.02	-9.55	6083.68	6.36	16.44	-12.76	5336.53	5.88	14.72	-7.39
2014	10671.88	-0.38	15.53	-8.72	6775.82	11.38	13.94	-15.19	4681.68	-12.27	12.62	-14.24

资料来源：历年《中国统计年鉴》。

从技术进步偏向度的地区对比可以看到不同地区在改革以来国家的发展战略引领下的发展顺序和产业结构的变化。我国改革开放以来国家工业化战略的优先发展地区是东部地区，所以东部地区最先通过工业化发展起来并实现产业升级。这从东部地区技术进步偏向的发展变化可以看出。从表 4.9 可见，在 1998 年以前东部地区的技术进步偏向度基本上都是全国最高，随后迅速下降到全国最低。而中部地区在 1998 年后的技术进步偏向度成为全国最高，而其工业占国民经济的比重在同期也逐步达到最高。至于西部地区，尽管西部大开发战略先于中部崛起战略提出并实施，但是由于基础过于薄弱，其工业占国民经济的比重始终落后于中部地区，所以技术进步偏向度也基本上呈现同一趋势。

总体而言，各省份的情况与全国基本一致，各省份替代弹性明显小于 1，技术进步偏向资本。根据第 3 章的理论推断，以及我国的贸易特征：出口主要面向发达国家，资本密集型产品出口比重增加，进口产品中劳动密集型产品比重下降得最快。这样的贸易结构引发了资本偏向型技术进步，进而对劳动收入份额会产生负面影响。

4.3.3　制造业

4.3.3.1　数据说明

为考察行业层面技术进步偏向，本书选取受对外开放影响最大的制造业行业进行测算分析。测算制造业技术进步偏向性所需要数据来源于历年《中国工业统计年鉴》，年鉴公布了按行业分组的规模以上工业企业主要经济指标：以当年价格计算的工业总产值、固定资产、全部从业人员平均数等。GDP 价格缩减指数以 1978 年为基期，工业增加值 2008 年以后缺失，用"劳动者报酬 + 生产净税额 + 折旧 + 利润"代替，可得 1999 ~ 2014 年间，以 1978 年价格计算的总产出序列。将各年全部从业人员平均数作为生产过程中劳动力的总投入序列。根据《中国工业统计年鉴》中的固定资产净值得到固定资本存量序列。根据《中国工业统计年鉴》中的各年累计折旧、本年应交增值税、所有者权益、营业利润,计算得到 1999~2014 年制造业各年最终产品初次分配中固定资产折旧(2001~2007 年中的本年折旧,2008 年后只有累计折旧项目,用"当年累计折旧－上一年累计折旧"计算而得)、生产税净额(主营业务税金及附加＋应交增值税)、营业盈余(年鉴中历年利润总额)三个分项的数据,劳动者报酬为行业平均工资乘以就业人数获得,行业平均工资来源于历年《中国劳动统计年鉴》。由于缺失 2005 年《中国工业统计年鉴》数据,2004 年数值均为插值法获得。把各项值均折算为以 1978 年为基年的实际值,然后,劳动者报酬总额除以从业人员数得到了劳动报酬率 w_t,固定资产折旧与营业盈余之和除以固定资本投入量得资本报酬率 r_t,生产税净额除以 GDP 得生产税税率 τ_t。制造业细分行业数据来源于"中国工业企业数据库",经过同样处理可得到 1997~2007 年的样本数据。

4.3.3.2　替代弹性测算

与全国同样,考虑到在 2002 年我国加入世界贸易组织对我国经济的巨大影响,需要设置一个相应的虚拟变量来表示这次危机所导致的结构变化。因此同样设置一个虚拟变量 D_{02} 来分别反映这个事件:

$$D_{02} = \begin{cases} 0, & 1999 \sim 2002 \, years \\ 1, & 2003 \sim 2014 \, years \end{cases}$$

使用带约束的似不相关回归方法估计,结果如表 4.10 所示。

表 4.10　　　　　　　　　制造业替代弹性的估计结果

变量	模型一		模型二	
	$\ln\left(\frac{Y_t}{K_t}\right)$	$\ln\left(\frac{Y_t}{L_t}\right)$	$\ln\left(\frac{Y_t}{K_t}\right)$	$\ln\left(\frac{Y_t}{L_t}\right)$
常数项	-48.7383 (-0.66)	-430.0821^{***} (-3.12)	-25.8218^{***} (-3.25)	-496.0847^{***} (-3.90)

续表

变量	模型一		模型二	
	$\ln\left(\dfrac{Y_t}{K_t}\right)$	$\ln\left(\dfrac{Y_t}{L_t}\right)$	$\ln\left(\dfrac{Y_t}{K_t}\right)$	$\ln\left(\dfrac{Y_t}{L_t}\right)$
σ	0.4673 *** (9.48)	0.4673 *** (9.48)	0.5970 *** (12.78)	0.5970 *** (12.78)
t	0.0242 (0.66)	0.2196 *** (3.18)	0.0129 *** (3.27)	0.2527 *** (3.97)
D_{02}	17.8312 (0.24)	240.6669 * (1.74)	—	295.5244 ** (2.31)
$D_{02} \times t$	−0.0088 (−0.24)	−0.1202 * (−1.73)	—	−0.1476 ** (−2.30)
R^2	0.9739	0.9560	0.9866	0.9454

注：*** 表示在 1% 的水平上显著，** 表示在 5% 的水平上显著，* 表示在 10% 的水平上显著；统计量下方（）内是 t 值。

在表 4.10 中，模型一是加入全部虚拟变量后的估计结果，模型二是剔除不显著的虚拟变量后的估计结果。由模型二可见，制造业资本与劳动替代弹性的估计值为 0.5970，显著小于 1，表 4.11 中各细分行业家具制造业、医药制造业、塑料制品业以及专用设备制造业替代弹性接近于 1，其他行业显著小于 1。

表 4.11　　　　1997～2008 年各细分行业替代弹性的估计结果

行业	σ	行业	σ
农副食品加工业	0.6791	医药制造业	1.1208
食品制造业	0.5894	化学纤维制造业	0.0358
饮料制造业	0.7146	塑料制品业	0.9366

行业	σ	行业	σ
纺织业	0.3209	非金属矿物制品业	0.6697
纺织服装、鞋、帽制造业	0.388	黑色金属冶炼及压延加工业	0.5397
皮革、毛皮、羽毛（绒）及其制品业	0.2738	有色金属冶炼及压延加工业	0.0806
木材加工及木、竹、藤、棕、草制品业	0.432	金属制品业	0.2525
家具制造业	1.0076	通用设备制造业	0.7784
造纸及纸制品业	0.4612	专用设备制造业	1.0047
印刷业和记录媒介的复制	0.6946	交通运输设备制造业	0.5448
文教体育用品制造业	0.5093	电气机械及器材制造业	0.8239
石油加工、炼焦及核燃料加工业	0.4321	通信设备、计算机及其他电子设备制造业	0.2866
化学原料及化学制品制造业	0.3092		

4.3.3.3 技术进步偏向度测算

根据要素替代弹性 σ 的估计值和时间变量 t 的系数估计值，推算出各省份及各区域 γ_K、γ_L 及平均技术进步偏向度 D 的估计值，结果如表4.12和表4.13所示。

表4.12　　　　制造业偏向型技术进步速率与指数的估计结果

时段	γ_K	γ_L	D
1999～2001年	0.032017525	0.626986299	0.4016
2002～2014年	0.032017525	0.260565493	0.1543

表 4.13　各细分行业偏向型技术进步速率与指数的估计结果

行业	时段	γ_K	γ_L	D	行业	时段	γ_K	γ_L	D
农副食品加工业	1997~2001 年	0.0396	0.4284	0.1837	医药制造业	1997~2001 年	0.2656	-1.4156	0.1812
	2002~2007 年	0.0820	0.4935	0.1945		2002~2007 年	0.1741	-1.1198	0.1394
食品制造业	1997~2001 年	0.0269	0.3406	0.2185	化学纤维制造业	1997~2001 年	0.0560	0.1135	1.5510
	2002~2007 年	0.1032	0.3406	0.1654		2002~2007 年	0.1093	0.1135	0.1149
饮料制造业	1997~2001 年	-0.0720	0.3530	0.1697	塑料制品业	1997~2001 年	-0.2015	1.3068	0.1021
	2002~2007 年	0.1667	0.5451	0.1511		2002~2007 年	0.1184	1.3068	0.0804
纺织业	1997~2001 年	0.0769	0.1887	0.2365	非金属矿物制品业	1997~2001 年	0.0187	0.4130	0.1944
	2002~2007 年	0.1035	0.1887	0.1803		2002~2007 年	0.0888	0.6349	0.2694
纺织服装、鞋、帽制造业	1997~2001 年	0.0652	0.0666	0.0023	黑色金属冶炼及压延加工业	1997~2001 年	0.1393	0.5967	0.3901
	2002~2007 年	0.0652	0.1402	0.1184		2002~2007 年	0.1393	0.5967	0.3901
皮革、毛皮、羽毛（绒）及其制品业	1997~2001 年	0.0861	0.0662	-0.0527	有色金属冶炼及压延加工业	1997~2001 年	0.1271	0.1887	0.7027
	2002~2007 年	0.0861	0.0662	-0.0527		2002~2007 年	0.2109	0.3004	1.0211
木材加工及木、竹、藤、棕、草制品业	1997~2001 年	0.1040	0.1641	0.0790	金属制品业	1997~2001 年	0.0523	0.1478	0.2827
	2002~2007 年	0.1040	0.1641	0.0790		2002~2007 年	0.1059	0.1478	0.1240
家具制造业	1997~2001 年	-1.4498	-4.8953	0.0260	通用设备制造业	1997~2001 年	0.0994	0.8883	0.2246
	2002~2007 年	-1.4498	-4.8953	0.0260		2002~2007 年	0.0994	0.8883	0.2246
造纸及纸制品业	1997~2001 年	-0.0564	0.2926	0.4077	专用设备制造业	1997~2001 年	2.8283	-38.0334	0.1912
	2002~2007 年	0.0673	0.2926	0.2632		2002~2007 年	2.8283	-44.1128	0.2196

续表

行业	时段	γ_K	γ_L	D
印刷业和记录媒介的复制	1997~2001年	-0.0605	0.4870	0.2407
	2002~2007年	0.0628	0.2566	0.0852
文教体育用品制造业	1997~2001年	0.0586	0.0774	0.0181
	2002~2007年	0.0586	0.0774	0.0181
石油加工、炼焦及核燃料加工业	1997~2001年	0.1406	0.4842	0.4517
	2002~2007年	0.1406	0.2416	0.1327
化学原料及化学制品制造业	1997~2001年	0.0587	0.2959	0.5299
	2002~2007年	0.1353	0.2959	0.3589

行业	时段	γ_K	γ_L	D
交通运输设备制造业	1997~2001年	0.0859	0.3989	0.2616
	2002~2007年	0.0859	0.2650	0.1497
电气机械及器材制造业	1997~2001年	0.1294	0.8031	0.1440
	2002~2007年	0.1294	0.5113	0.0816
通信设备、计算机及其他电子设备制造业	1997~2001年	0.0435	0.0528	0.0232
	2002~2007年	0.0435	0.0528	0.0232

由表 4.12 和表 4.13 的推算结果可以看出，我国制造业及各细分行业的技术进步平均是偏向于资本使用和劳动节约型的。样本期间内除家具制造业外大部分细分行业资本的效率是上升的，另外，除家具制造业、医药制造业及专用设备制造业劳动的效率在样本期内都是上升的，即对于制造业部门，劳动和资本的生产效率都有提升，这与我国近年来尤其是制造业产品结构升级，行业技术含量提升有关。

参照全国测算方法，制造业历年资本和劳动的技术进步速率及偏向性指数如表 4.14 所示。

表 4.14　　　　2000～2014 年制造业偏向型技术进步速率与偏向指数的估计结果

年份	$\dfrac{\dot{A}}{A}$	$\dfrac{\dot{B}}{B}$	D
2000	− 0.1289	0.4361	0.3814
2001	− 0.0225	0.1715	0.1309
2002	− 0.0230	0.2216	0.1651
2003	− 0.0837	0.3609	0.3001
2004	0.0605	0.1236	0.0426
2005	− 0.3670	0.3029	0.4522
2006	− 0.1575	0.2403	0.2685
2007	0.1617	0.6699	0.3431
2008	− 0.2725	− 0.0993	0.1169
2009	− 0.2063	0.0688	0.1857
2010	− 0.2545	0.6753	0.6276
2011	− 0.2221	0.1563	0.2554
2012	− 0.1434	− 0.3535	− 0.1418
2013	− 0.2393	0.2481	0.3290
2014	− 0.1439	− 0.1907	− 0.0315

由表 4.14 的计算结果可以看出，在 2000～2014 年期间，我国制造业资

本的生产效率除 2007 年外都在下降，劳动的生产效率除 2008 年、2012 年及 2014 年外每年都在上升，2008 年受金融危机影响，资本的生产效率和劳动的生产效率出现双下降的情况。在整个样本期间，除 2012 年和 2014 年技术基本偏向于资本节约，其余年份技术进步基本都偏向于资本使用和劳动节约。总体上我国制造业也是倾向于资本使用和劳动节约型的技术进步。制造业部门在样本期间，2012 年和 2014 年技术进步出现劳动的偏向，有别于全国及省际层面，而劳动偏向型技术进步会增加劳动收入份额。

4.4 本 章 小 结

我国替代弹性不管是全国层面还是东、中、西部各地区从总体上看均显著小于 1，制造业部门替代弹性也显著小于 1。这表明我国实证研究中通常或明或暗地给定要素替代弹性为 1 的假设与实际不符，C–D 生产函数并不适合用来描述我国的总体经济发展。全国与省际层面的技术进步总体上都是偏向于资本的，根据第 3 章的理论机制分析，这样的情况对劳动收入份额会产生负面影响。制造业部门在样本期间，近年来技术进步出现劳动的偏向，有别于全国及省际层面，而劳动偏向型技术进步会增加劳动收入份额。

第 5 章

对外开放进程与我国劳动
收入份额的演变

在上一章，测算了替代弹性以及我国各层面的技术进步偏向度，我国技术进步是偏向于资本的。本章主要介绍我国改革开放以来经济开放的总体情况，重点考察可能引起我国资本偏向型技术进步的因素：贸易规模、贸易产品结构、贸易对象国、外商直接投资投向等。并基于第 3 章的理论机理对我国对外开放引致的资本偏向型技术进步和我国的劳动收入份额的关系进行定性分析。同时我国各地区、各行业的发展是极度不平衡的，为考察不同地区和行业内部开放如何影响技术进步偏向，分别对其进行分析。

5.1 我国对外开放的发展及现状

由图 5.1 所示，改革开放以来，我国经济飞速发展，2014 年国内生产总值为 636463 亿元，首次突破 60 万亿元，如果用美元来计算，也首次突破了 10 万亿美元大关，在美国之后，中国成为又一个"10 万亿美元俱乐部"成员，其 GDP 总量居于世界第二的水平。从各产业组成部分来看，第二产业对国内生产总值的贡献尤其突出，占比接近 50%，是整个经济增长的重要动力来源。经济开放对我国经济的发展做出了重要的贡献。下面我们分别从对外贸易、外商直接投资两个方面进行分析。

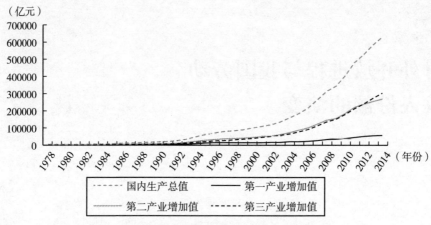

（亿元）

图 5.1　1978～2014 年我国 GDP 及组成部分状况

资料来源：根据历年《中国统计年鉴》整理而得。

5.1.1　我国对外贸易发展情况

5.1.1.1　我国对外贸易政策的基本情况

中国改革开放四十年来，对外贸易取得了骄人的成绩，这主要归功于我国适当的对外贸易政策的选择。我国的对外贸易政策为适应当时的历史、经济及政治情况，大致经历了以下四个阶段：

（1）1949～1978 年计划经济下的国家统制的封闭式保护贸易。中华人民共和国成立以来至 1978 年，采用的主要是封闭的保护贸易政策，这一时期处于计划经济体制之下，我国最迫切的目标就是实现独立自主，这就要求我国必须实现国家工业化，国家工业化的标志不仅包括工业在国民经济中要占到相当比重，而且重工业必须具备相当的实力。为保护国内产业，减少竞争，进行了进口管制，征收较高关税等措施，对外贸易主要通过政府统一负责的国营外贸公司进行进出口，我国的经济基本处于封闭状态。我国与海外市场的联系被切断，不利于整个国民经济的发展。

（2）1978～1992 年的开放式保护贸易政策，1978 年，中共十一届三中全会明确指出对外贸易的战略地位，我国由计划经济向商品经济转变，对外贸易政策也发生了重大改变。这个时期实施了出口导向的战略，鼓励出口型产业，实施出口退税制度，鼓励引进外商直接投资，以引进先进的技术和管理经验。同时，通过关税、外汇管制等限制进口。这一时期的对外贸易政策表现为奖励出口与限制进口相结合，可以认为是开放式保护贸易政策。

（3）1992～2001 年的贸易自由化倾向的保护贸易政策，这一阶段贸易政策进行了较大的改革，放宽了对进口的限制，继续实行出口退税，并开展出口援助以促进产品的出口。总体来看这个阶段加大了市场机制的调节作用。同时，我国对外贸易顺差加大。

2001 年加入世界贸易组织后至今，我国正式成为世界贸易组织的成员方，对外贸易政策也发生了变化，这时期我国的贸易政策改革倾向于与国际贸易体制接轨。促进对外贸易发展，构造有利于经济均衡发展的产业结构，实现产业的持续升级，推动中国经济在适度内外均衡基础之上高速发展成为对外贸易政策的目标。

总的来说，我国实行的对外贸易政策是有政府干预的，在我国渐进式的发展道路上，对外贸易政策不断完善，从而促进我国经济健康可持续的发展。

5.1.1.2 贸易规模不断扩大，对外贸易依存度增强

从全国来看，贸易规模方面，1978 年我国进出口总额为 355 亿元人民币，2014 年增长到了 264241.77 亿元人民币，增长了 700 多倍（如图 5.2 所示），我国的对外贸易经历飞速增长阶段是在加入世界贸易组织之后，年增速可以保持在 25% 以上，2009 年我国出口规模跃居世界第一位，占世界出口总额的 10%，我国已经跻身全球重要的贸易大国的行列。

对外贸的依赖性逐渐增强成为我国经济发展过程中的一大特点，所占GDP 比重也呈逐年上升趋势，1990 年的出口在 GDP 中所占比重为 15.90%，2007 年这一比重上升到 34.91%，受到全球金融危机影响，在 2008 年以后出

口有收缩趋势，但是这一比值下降的有限，仍旧维持在22%以上，对外贸易依存度也呈现快速上升趋势（如图5.3所示），2006年最高达到64.77%，对外贸易对我国经济增长发挥了重要的拉动作用，但出口和进口增长的不同步是我国对外贸易规模扩张的一大特征。从20世纪90年代中期起，我国对外贸易规模呈现出明显的顺差趋势，2008年顺差达2981亿美元，2014年达到3831亿美元。

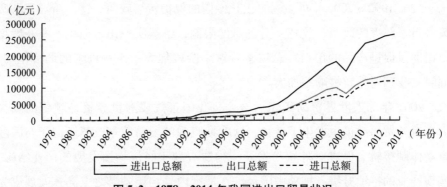

图5.2　1978～2014年我国进出口贸易状况

资料来源：根据历年《中国统计年鉴》整理而得。

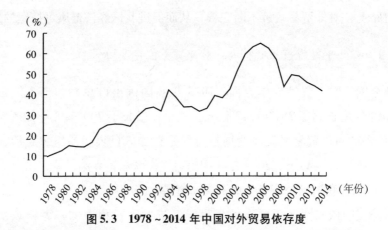

图5.3　1978～2014年中国对外贸易依存度

资料来源：国家统计局网站。

巨额的外贸顺差以及较高的对外贸易依存度，一定程度上说明我国的经济发展出现了结构性的比例失衡。资金分配失调表现尤为突出，也就是说，在各个部门的调配中整个国家资源的配置出现了严重的失调，资本收入大于劳动收入，人民生活水平维持在较低状况，社会缺乏消费能力。

同时我国经济地域发展不平衡，东、中、西部地区表现出一定的差异。按地理和经济角度划分，我国东部地区包括：北京、天津、河北、山东、浙江、福建、广东、海南、上海、江苏；中部地区包括：辽宁、吉林、安徽、江西、黑龙江、湖南、湖北、山西、河南；西部地区包括：四川、重庆、陕西、甘肃、贵州、云南、宁夏、新疆、广西、西藏、青海、内蒙古。从图 5.4 可见，改革开放以来，东部地区的外贸总额远高于中西部地区，区域差异明显。

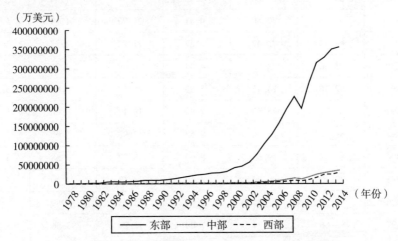

图 5.4 1978~2014 年我国东、中、西部进出口贸易额

资料来源：根据历年各省份统计年鉴整理而得。

从表 5.1 可见，东部地区的进出口总额占全国比重为 90%，西部和中部占 10% 左右，东部地区对外贸易非常发达，2014 年东部地区出口贸易额为 188488521.5 万美元，出口在全国所占比重为 80.46%，进口贸易额为 165710387.1 万美元，占全国的 84.53%。

表 5.1　　1978～2014 年东、中、西部进出口额占全国进出口总额的比重　单位：%

年份	东部地区		中部地区		西部地区	
	进口比重	出口比重	进口比重	出口比重	进口比重	出口比重
1978	66. 73	74. 40	19. 94	23. 71	13. 33	1. 89
1979	94. 68	71. 12	3. 47	27. 18	1. 85	1. 70
1980	78. 50	68. 57	13. 92	29. 82	7. 58	1. 61
1981	91. 30	66. 23	6. 44	31. 56	2. 26	2. 21
1982	92. 13	64. 66	5. 79	32. 43	2. 08	2. 91
1983	97. 22	80. 08	2. 05	18. 28	0. 73	1. 63
1984	96. 18	78. 23	2. 62	19. 88	1. 20	1. 89
1985	94. 57	61. 55	3. 82	34. 45	1. 61	3. 99
1986	94. 49	65. 89	3. 93	28. 93	1. 57	5. 18
1987	94. 13	69. 60	3. 93	24. 94	1. 94	5. 46
1988	93. 80	72. 60	4. 41	21. 72	1. 79	5. 68
1989	92. 87	73. 42	4. 87	21. 02	2. 27	5. 56
1990	93. 30	73. 88	4. 34	20. 90	2. 36	5. 21
1991	92. 36	74. 45	5. 59	20. 18	2. 05	5. 37
1992	88. 87	75. 50	7. 83	19. 13	3. 30	5. 37
1993	86. 48	76. 76	9. 62	17. 98	3. 90	5. 26
1994	87. 82	79. 65	8. 60	15. 02	3. 58	5. 33
1995	87. 70	80. 09	8. 10	14. 47	4. 20	5. 44
1996	87. 20	82. 01	7. 91	13. 43	4. 89	4. 56
1997	88. 66	83. 87	7. 78	12. 24	3. 56	3. 89
1998	89. 07	85. 76	7. 63	10. 57	3. 30	3. 67
1999	89. 02	86. 99	7. 71	9. 53	3. 27	3. 48
2000	89. 86	86. 73	7. 43	9. 87	2. 70	3. 39
2001	89. 38	87. 38	7. 68	9. 51	2. 93	3. 11
2002	90. 01	87. 89	7. 31	8. 80	2. 68	3. 31
2003	90. 12	88. 36	7. 34	8. 31	2. 55	3. 33

续表

年份	东部地区		中部地区		西部地区	
	进口比重	出口比重	进口比重	出口比重	进口比重	出口比重
2004	90.34	88.90	7.11	7.98	2.54	3.12
2005	90.66	89.17	6.75	7.79	2.59	3.04
2006	90.63	88.99	6.79	7.86	2.58	3.15
2007	89.80	88.36	7.34	8.22	2.86	3.42
2008	88.85	86.86	8.03	9.08	3.12	4.06
2009	88.14	88.32	8.51	8.06	3.35	3.62
2010	87.92	87.36	8.63	8.68	3.45	3.96
2011	86.89	85.52	9.38	9.45	3.74	5.03
2012	86.33	83.03	9.62	10.46	4.05	6.50
2013	86.00	81.73	9.60	11.05	4.40	7.22
2014	84.53	80.46	10.33	11.30	5.14	8.24

资料来源：根据历年各省份统计年鉴整理而得。

从对外贸易的表现来看，东部地区的几个省份相对比较活跃，主要包括：广东、江苏、上海、北京、浙江等。全国进出口贸易额之首多年来一直被广东所占据，2014 年广东进出口总额为 107658447.4 万美元，占到全国的比例为 25.03%。此外，江苏的进出口贸易也不容忽视，2014 年江苏贸易总额为 56355307.9 万美元，出口贸易占全国的比重为 14.59%，进口贸易占全国的比重为 11.32%。北京地区一直持续贸易逆差的态势，2014 年的出口额为 6233841.7 万亿美元，占全国的比重为 2.66%，进口额却高达 35318017.6 万美元，占全国进口总额的 18.03%。2014 年上海出口比重占全国 8.97%，进口额占全国的 13.08%，浙江出口比重占 11.67%，进口占 4.17%。

中、西部地区对外贸易相对落后，对外贸易活动非常不积极，近几年，一些从事加工贸易的企业开始转移，主要表现为向内陆省份转移的趋势，在西部大开发战略的鼓舞下，中、西部地区进出口贸易逐渐增加，个别内陆省份（如四川、江西、河南等）的出口额迅速增加，这种转变使得我国东部地区出口比重近年来开始下降。尽管如此，和东部地区相比还非常少，2014 年中部地区出口贸易额为 26473376.9 万美元，出口占全国比重 11.30%，进口贸易额为 20248611.5 万美元，占全国的 10.33%。2014 年西部地区出口贸易额为 19312756.9 万美元，出口占全国比重 8.24%，进口贸易额为 10070031.2 万美元，占全国的 5.14%。

从行业结构来看，制造业是我国对外贸易的主要行业，从表 5.2 可知，制造业占工业部门出口额的绝大部分，2001 年、2002 年占 94% 左右，2003 年至今，制造业出口交货值占工业部门 99% 左右。从全国出口比例来看，制造业出口值比重不断上升，从 2001 年的 69.52% 上升到 2014 年的 82.09%。

表 5.2　　　　　　按行业分组的全部国有及规模以上非国有工业

企业出口交货值及制造业比重

年份	采矿业（亿元）	制造业（亿元）	电力、热力、燃气及水生产和供应业（亿元）	工业部门（亿元）	全国出口额（亿元）	制造业占工业部门比重（%）	制造业占全国比重（%）
2001	305.77	15310.65	57.30	16245.09	22024.40	94.25	69.52
2002	323.85	18984.93	60.11	20055.24	26947.90	94.66	70.45
2003	339.05	26525.60	77.09	26941.75	36287.90	98.46	73.10
2005	535.47	47081.77	123.98	47741.19	62648.10	98.62	75.15
2006	554.28	59873.30	132.06	60559.65	77597.20	98.87	77.16
2007	388.95	72889.19	115.24	73393.39	93563.60	99.31	77.90
2008	456.06	81941.58	100.78	82498.38	100394.94	99.33	81.62
2009	230.17	71671.67	149.90	72051.75	82029.69	99.47	87.37
2010	262.89	89534.07	113.15	89910.12	107022.84	99.58	83.66
2011	178.52	97389.28	159.84	99612.37	123240.60	97.77	79.02
2012	171.13	106321.42	117.61	106610.16	129359.25	99.73	82.19
2013	192.87	112433.85	197.31	112824.03	137131.43	99.65	81.99
2014	166.50	118118.77	128.98	118414.25	143883.75	99.75	82.09

资料来源：历年《中国工业统计年鉴》。

5.1.1.3 进出口贸易国别结构

到目前，我国与世界 250 多个国家（地区）有贸易往来，欧盟、美国、东盟为我国前三大贸易伙伴，与发达国家（地区）的进口与出口的比重较大，但近年来，随着与新兴经济体贸易活跃，与发达国家（地区）的进出口均有所下降。如表 5.3 所示，加入世界贸易组织前我国与发达国家（地区）的进出口所占比重较高，均占 80% 左右，2003 年以后，与发达国家（地区）的进出口比重出现下降的趋势。2014 年我国与发达国家（地区）的出口总额为 154214609 万美元，占 65.84%，进口总额为 111911802 万美元，占 61.68%；与发展中国家的出口总额为 80014662 万美元，占 34.16%，进口总额为 69523612 万美元，占 38.32%。

表 5.3　　　　　　　　　与世界各国（地区）进出口情况分析

年份	发达国家（地区）				发展中国家			
	出口额（万美元）	出口比重（万美元）	进口额（万美元）	进口比重（%）	出口额（万美元）	出口比重（万美元）	进口额（万美元）	进口比重（%）
1998	15624191	85.10	11498732	83.82	2735673	14.90	2219177	16.18
1999	16609648	85.35	13441225	83.22	2850862	14.65	2710687	16.78
2000	20920130	84.05	16956179	77.83	3971187	15.95	4830133	22.17
2001	22127628	83.17	18279908	77.84	4478937	16.83	5203681	22.16
2002	26818131	82.39	21706871	77.47	5733087	17.61	6311763	22.53
2003	35743607	81.59	29193856	75.31	8065049	18.41	9570132	24.69
2004	47958126	80.85	38604174	73.88	11358121	19.15	13649451	26.12
2005	60913118	79.96	43193946	71.42	15262122	20.04	17284739	28.58
2006	75353754	77.79	50237375	69.96	21510197	22.21	21572252	30.04
2007	91192078	74.88	59243345	68.08	30585495	25.12	27772831	31.92
2008	102694861	71.78	67098503	64.51	40374442	28.22	36911684	35.49
2009	86215773	71.76	61047941	66.40	33932477	28.24	30892501	33.60

续表

年份	发达国家（地区）				发展中国家			
	出口额（万美元）	出口比重（万美元）	进口额（万美元）	进口比重（％）	出口额（万美元）	出口比重（万美元）	进口额（万美元）	进口比重（％）
2010	111088694	70.41	83260014	64.64	46686746	29.59	45541285	35.36
2011	130757258	68.88	99297218	61.44	59080823	31.12	62324438	38.56
2012	139129465	67.91	100253112	59.86	65738024	32.09	67220653	40.14
2013	148518313	67.23	110438760	61.61	72382102	32.77	68806156	38.39
2014	154214609	65.84	111911802	61.68	80014662	34.16	69523612	38.32

资料来源：国家统计局网站。

2015 年，我国与欧盟、日本双边贸易分别下降 7.2% 和 9.9%，同期对新兴市场贸易相对表现较好，如东盟、印度等。其中，相较于印度 2.5% 的增长，对东盟贸易值虽下降了 0.6%，但均好于对外贸易的整体情况。2015 年我国对东盟、印度、拉美和非洲等新兴市场出口增长，比重提升 1.1 个百分点，目前来说，新兴经济体的经济状况表现得较为有活力，政局也比较稳定，为促进中国与这些新兴经济体的贸易发展创造了良好的条件，新兴经济体也逐渐成为中国贸易出口的一个重要方向。

从各省份来看，如表 5.4 所示，各省份与发达国家（地区）的进口出口比重都有所下降，但是和全国一样，多数省份的进出口贸易对象都是以发达国家（地区）为主，并且东部地区进出口贸易中与发达国家（地区）的贸易所占比重仍然保持在比较高的水平上。作为我国对外贸易的主力省份，东部省份的情况直接导致了全国的贸易格局的变化。广东、上海、天津、浙江及福建在 1990 年时，与发达国家的出口比重最高达 97.66%，进口比重最高达 96.74%，几乎所有的进出口贸易活动都来自发达国家（地区），中、西部地区情况也类似。这跟我国的对外贸易政策相关，这个时期我国对外开政策刚刚实施，采取了出口导向的战略，鼓励出口型产业，实施出口退税制度，鼓励引进外商直接投资，以引进先进的技术和管理经验。因此主要的经济往来对象是发达国家（地区），希望通过商品贸易，与资本流动引进发达国家（地区）先进的技术和管理经验。近年来，东中西部地区与新兴经济体的贸易都有所加强。

表 5.4　　　　　　　部分省份与发达国家（地区）进出口占比情况　　　　单位：%

省份	出口					进口				
	1990 年	2001 年	2002 年	2013 年	2014 年	1990 年	2001 年	2002 年	2013 年	2014 年
广东	97.66	89.94	80.11	79.03	75.63	96.74	71.46	69.07	52.35	51.61
江苏	—	83.46	82.63	72	72.19	—	83.93	82.41	71.65	73.51
山东	—	81.65	79.44	61.03	76.35	—	82.39	79.51	51.27	59.88
上海	68.65	80.55	79.54	72.17	69.28	92.84	84.31	84.06	72.68	71.78
天津	71.87	83.93	82.26	58.67	58.28	93.13	92.25	90.62	79.87	82.31
浙江	75.69	61.97	60.08	44.32	43.98	54.94	80.6	76.94	57.76	57.36
福建	85.47	71.79	71.92	52.32	52.43	85.05	71.79	37.66	47.02	46.55
安徽	86.3	63.13	60.84	45.65	47.74	90.61	58.9	63.1	47.11	44.29
黑龙江	44.25	39.52	33.34	27.61	20.93	—	39.33	37.64	12.35	13.56
湖南	71.73	70.82	58.18	60.46	54.3	80.6	76.33	48.83	42.54	48.87
吉林	—	66.22	61.42	51.80	47.03	—	94.76	95.08	59.94	47.40
江西	72.74	59.33	64.75	53.73	56.64	86.23	71.57	73.24	44.44	55.76
辽宁	89.11	92.41	91.89	81.91	80.36	93.12	92.37	88.99	78.84	82.94
广西	97.66	68.86	59.97	25.66		96.74	60.97	50.59	41.22	
宁夏	80.56	78.5	67.94	37.82	37.81	98.89	44.04	65.55	46.22	65.53
青海	84.14	91.23	86.37	63.05	54.01	—	—	—	—	—
新疆	—	44.22	33.11	11.16	9.25	—	21.54	15.22	11.2	17.53
云南	—	49.32	51.37	43.8	36.72	—	64.75	57.5	41.97	31.12

资料来源：各省份历年统计年鉴。

5.1.1.4 进出口贸易商品结构

按照国际贸易标准分类（SITC），可把商品分为三大类：资源密集型产品（SITC 0～4 类）、劳动密集型产品（SITC 6 类，8 类）、资本和技术密集型产品（SITC 5 类，7 类）。由表 5.5 可见，随着贸易规模的逐步扩大，我国贸易出口量呈迅速增长的趋势，出口商品结构不断优化，主要表现为劳动密

表5.5 各类产品出口占比情况 单位：%

年份	资源密集型产品	劳动密集型产品	资本及技术密集型产品	年份	资源密集型产品	劳动密集型产品	资本及技术密集型产品
1980	50.30	37.72	10.83	1998	11.15	55.89	32.95
1981	46.56	38.31	11.04	1999	10.23	54.26	35.50
1982	45.03	35.87	11.02	2000	10.22	51.69	38.00
1983	43.27	36.75	11.12	2001	9.90	49.20	40.68
1984	45.65	37.30	10.93	2002	8.77	47.33	43.70
1985	50.56	29.17	7.79	2003	7.94	44.52	47.32
1986	36.43	35.02	9.14	2004	6.83	43.32	49.66
1987	33.55	37.63	10.08	2005	6.44	42.43	50.92
1988	30.32	39.47	11.92	2006	5.46	42.60	51.69
1989	28.70	41.21	13.47	2007	5.04	42.34	52.22
1990	25.59	40.69	15.01	2008	5.45	41.82	52.61
1991	22.45	43.22	15.25	2009	5.25	40.33	54.28
1992	20.02	59.30	20.68	2010	5.18	39.72	55.00
1993	18.17	60.14	21.70	2011	5.30	41.03	53.55
1994	16.29	60.46	23.25	2012	4.91	42.41	52.61
1995	14.44	58.33	27.22	2013	4.86	42.64	52.43
1996	14.52	56.22	29.25	2014	4.81	43.64	51.45
1997	13.10	57.39	29.51				

资料来源：根据历年《中国统计年鉴》整理而得。

集型产品和资源密集型产品的比重不断下降，而资本及技术密集型产品出口额占出口总额的比重逐年上升。资本及技术密集型产品出口额比重由 1980 年 10.83% 上升到 2014 年 51.45%，我国高新技术产品的出口对我国经济增长的作用逐步显现，同时研究表明，表面上我国资本及技术密集型产品出口到 2014 年已经超过 50%，但是我国的技术密集性产品出口中初加工比重较大，出口制成品中需要进口的高技术含量的关键零部件占比重较大，而高科技产品的出口确是由跨国公司主导，实质上，我国仍以低技术含量的劳动密集型产品为主。我国资源密集型产品由 1980 年的 50.30% 下降到 2014 年的 4.81%。近年来，劳动密集型产品出口额比重维持在 40% 左右，仍是我国出口产品的重要组成部分，但是 1994 年后一直出现下降的趋势，这也说明人口红利即将结束，我国劳动力优势不再，随着人口红利减少，低端劳动密集型产业的衰退也就成了一种必然。近几年大批企业倒闭现状就是人均工资提高和适龄高强度劳动力减少的直接结果，这一现象和出口形势互相吻合，倒闭的正是低端的劳动密集型企业。

由表 5.6 及图 5.5 可见，我国进口产品结构表现出如下特征：近年来，资源密集型产品的进口比重不断增加，这主要是润滑油、矿物燃油和有关原料所占比重较高，并且保持继续走高的趋势，表现为其所占比重由 1980 年的 1% 飞速上升到 2014 年的 16.17%，更客观反映了我国进口能源迅速增加的事实；工业制成品进口中机械设备比重的不断增加成为另一个值得关注的特点，2003 年比重达 46.72%，近年来有所下降，2014 年其比重为 36.96%，是所有产品中进口比例最高的产品。从这两个特点可以看出，我国进口主要集中在关键设备、短缺能源以及原材料，高新技术产品的进口等。橡胶、轻纺制品、矿冶产品及其制品的进口大幅下降，由 1998 年前 20% 以上下降到几年来的 8% 左右，表明减少了国内技术完善的商品的进口。

从以上分析可见，随着我国国际贸易的活跃，贸易规模不断扩大，对外依存度增加，从区域层面来看，全国的进出口额大部分来源于东部地区，中、西部地区对外贸易相对落后，从行业结构来看，制造业是我国对外贸易的主要行业。我国与发达国家（地区）的贸易往来比重较大，且近年来与新兴经济体贸易往来逐渐活跃，我国的贸易商品结构也发生了较大的变化，产品结构有了一定的优化，资本及技术密集型产品出口大幅上升，但本质上，我国出口产品以初加工为主，高新技术产品出口虽有所提升，但由跨国公司主导，出口仍以技术含量较低的劳动密集型产品为主。国际贸易的确改变了我国的产出结构，这也必然会影响我国产品现对价格，引发有偏向的技术进步，进而会影响到我国的劳动收入份额。

表5.6 各类产品进口占比情况 单位：%

年份	资源密集型产品	劳动密集型产品	资本及技术密集型产品	年份	资源密集型产品	劳动密集型产品	资本及技术密集型产品
1980	34.77	23.46	40.11	1998	16.36	28.19	54.91
1981	36.53	20.86	38.47	1999	16.20	26.57	56.42
1982	39.57	22.77	31.83	2000	20.76	24.24	54.26
1983	27.15	33.06	33.53	2001	18.78	23.41	57.12
1984	19.00	31.01	41.89	2002	16.69	23.14	59.64
1985	12.52	32.66	49.01	2003	17.63	23.48	58.58
1986	13.16	30.46	47.90	2004	20.89	22.12	56.72
1987	16.00	26.86	45.39	2005	22.38	21.52	55.79
1988	18.22	22.42	46.75	2006	23.64	19.99	56.11
1989	19.87	24.36	43.56	2007	25.42	19.91	54.39
1990	18.47	20.64	44.04	2008	32.00	18.08	49.53
1991	16.98	20.27	45.27	2009	28.81	19.18	51.68
1992	16.45	30.85	52.70	2010	31.07	17.54	50.07
1993	13.67	33.69	52.64	2011	34.66	15.95	46.55
1994	14.26	30.15	55.01	2012	34.92	15.53	45.77
1995	18.49	28.04	52.95	2013	33.75	14.70	46.18
1996	18.32	28.72	52.49	2014	33.02	15.93	46.83
1997	20.10	28.64	50.62				

资料来源：国家统计局网站。

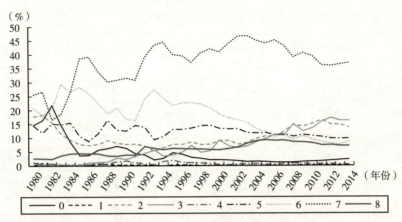

图 5.5　我国各类进口产品占比

注：0 食品和活畜；1 饮料及烟类；2 非食用原料（燃料除外）；3 矿物燃料、润滑油及有关原料；4 动、植物油脂及蜡；5 化学成品及相关产品；6 按原料分类的制成品；7 机械及运输设备；8 杂项制品。

资料来源：国家统计局网站。

5.1.2　外商直接投资发展情况

5.1.2.1　我国外商直接投资总量连年增长

从全国层面来看，改革开放以来，我国在引进并利用外资方面取得了丰硕的成果。1978 年以来，我国吸引外资的存量逐年递增，据商务部统计，自 1992 年起，中国已连续 16 年成为世界上吸收外资最多的发展中国家。如表 5.7 所示，1979 年底到 2014 年，我国利用外商直接投资协议项目共 809829 个，共 15132.56 亿美元，外商直接投资在 GDP 中所占比例快速上升趋势明显。结合我国出口大幅增长，我们不难发现外商投资企业出口的增长，对我国出口贡献较大，那么外商直接投资的投向对我国产品出口贸易结构也会产生重要影响。

表 5.7　　　　　　　　　我国历年外商直接投资概况统计

年份	合同利用外资（个）	实际使用外资金额（亿美元）	年份	合同利用外资（个）	实际使用外资金额（亿美元）
1979~1984	3724	41.04	2000	22347	407.15
1985	3073	19.56	2001	26140	468.78
1986	1498	22.44	2002	34171	527.43
1987	2233	23.14	2003	41081	535.05
1988	5945	31.94	2004	43664	606.30
1989	5779	33.92	2005	44001	603.25
1990	7273	34.87	2006	41473	630.21
1991	12978	43.66	2007	37871	747.68
1992	48764	110.08	2008	27514	923.95
1993	83437	275.15	2009	23435	900.33
1994	47549	337.67	2010	27406	1057.35
1995	37011	375.21	2011	27712	1160.11
1996	24556	417.26	2012	24925	1117.16
1997	21001	452.57	2013	22773	1175.86
1998	19799	454.63	2014	23778	1195.62
1999	16918	403.19	合计	809829	15132.56

资料来源：中华人民共和国商务部，http://www.mofcom.gov.cn/article/tongjiziliao/v/。

从区域层面来看，改革开放以来，为弥补我国创新要素禀赋的不足，大量引进外商直接投资，但外商直接投资在各区域的分布非常不均衡，呈现出了"东高西低"的明显趋势，中、西部地区和东部地区的实际外商直接投资存在明显的差异。主要表现为外商直接投资规模东部地区最大，中部次之，西部的最少，但是随着近几年外商投资结构的变化，东部地区外商直接投资的比例开始出现了下降。

受到先天的环境因素和倾斜发展政策的影响，自改革开放以来，东部的沿海地区一直是外商直接投资的热点，吸引了大部分外商投资额的流入，其中广东、江苏、上海、福建、山东五省份的外商投资总额超过了外商直接投资总额的一半，外商的投资中心还是主要集中在少数的东部沿海地区。这与东部地区的区域优势是分不开的。由于我国东部地区较大的市场潜力、较高的人均收入及在人力素质、交通、对外开放程度等方面，比中、西部地区具有明显的优势，另外，虽然中、西部地区自然条件得天独厚，拥有丰富的水力、木材及各种矿藏，但对资源的有效利用有待提高，对资源的形成开发程度较低。另有学者指出沿海地区近代以来较佳的经济社会基础、沿海地区海外华人的家乡情节和文化认同及沿海地区人民较易接受运用新事物以及先天地理优势等因素，都是导致外商直接投资集中于东部沿海地区的原因。刘等（Liu et al.，1997）以外商直接投资额最多的广东为例，其接近港澳的地理位置、与海外华侨较深的历史渊源、具有较强的处理国际事务的经验和地方政府在吸引外商投资方面的努力等，使广东的外商投资总额位居全国之首。福建由于与台湾地区的血缘文化、加之地理位置非常接近；辽宁、北京、天津、山东靠近日本、韩国；上海、江苏等优越的地理位置，且在发展过程中已形成产业聚集效果，这些都是促进东部沿海各地区吸引外商直接投资的有利因素。

如表5.8和表5.9所示，改革开放初期，我国实际利用外商直接投资主要在东部地区，占全国的80%左右，西部地区在2009年前比例都在10%以内，随着国家相继出台了"西部大开发""振兴东北老工业基地""中部崛起"等政策，21世纪以来外商投资于东部地区的实际投资额开始出现下降的趋势，但其实际投资额仍占全国的一半左右。2014年我国东部地区实际利用外商直接投资占全国比重为52.57%，远远超过中部和西部地区；实际利用外资比重在中部地区逐年稳增，从改革初期占比8.41%稳步增长到2014年占比34.52%；西部地区实际利用外资比重也有所增长，改革开放初期仅占5.93%，2009年以后增长到10%以上，2014年西部地区实际利用外商直接投资占全国比重为12.91%。

表 5.8 　　　　　　　　我国东、中、西部地区实际利用外资占比 　　　　单位：%

年份	东部	中部	西部	年份	东部	中部	西部
1978~1984	85.66	8.41	5.93	2000	76.93	16.30	6.77
1985	86.36	7.33	6.31	2001	79.90	14.33	5.78
1986	83.47	10.44	6.09	2002	79.39	15.12	5.48
1987	73.09	20.52	6.39	2003	78.01	17.08	4.90
1988	78.30	14.06	7.64	2004	76.85	17.77	5.38
1989	77.75	15.23	7.02	2005	78.14	16.25	5.60
1990	72.18	21.13	6.70	2006	72.97	20.40	6.63
1991	71.37	21.19	7.44	2007	70.33	22.82	6.85
1992	82.70	11.10	6.20	2008	66.31	24.94	8.74
1993	78.83	13.17	8.00	2009	62.94	27.20	9.86
1994	77.37	14.74	7.89	2010	59.80	28.42	11.77
1995	76.85	14.51	8.64	2011	56.11	29.74	14.15
1996	78.49	13.78	7.73	2012	55.35	31.43	13.22
1997	77.68	14.65	7.66	2013	53.27	33.54	13.18
1998	76.36	16.13	7.51	2014	52.57	34.52	12.91
1999	76.37	16.68	6.95				

资料来源：1978~2014 年各省份统计年鉴,《新中国 60 年统计资料汇编》。

表 5.9 　　　　　　　　各省份主要年份实际利用外资情况 　　　　单位：万美元

省份	1985 年	1992 年	2001 年	2002 年	2007 年	2008 年	2012 年	2013 年	2014 年
北京	11510	52712	400997	509912	506572	608172	804160	852418	904085
天津	7558	83122	329700	386901	546033	759700	1501633	1682897	1886676
河北	1423	28682	93521	104793	300722	363395	603168	667250	700949
山西	176	5384	56600	39352	191471	172174	276711	299096	335672
内蒙古	530	7910	47342	58211	238780	285556	417665	484258	417182
辽宁	4192	85931	359000	426000	909673	1201925	2679315	2903996	2742335
吉林	488	7534	53300	55200	227100	300809	581600	676415	768552

续表

省份	1985 年	1992 年	2001 年	2002 年	2007 年	2008 年	2012 年	2013 年	2014 年
黑龙江	1747	10516	115114	123656	216908	265642	399140	464232	516000
上海	11523	89929	741000	503000	792000	1008400	1518453	1677958	1816600
江苏	9326	146324	735200	1082500	2189200	2512000	3575956	3325922	2817000
浙江	6452	40971	451934	469547	1432049	1244995	1622327	1415898	1579725
安徽	1900	5466	33672	74090	299892	349000	863811	1068772	1233978
福建	17711	146561	391800	387500	630700	783900	633774	667896	711499
江西	517	9653	39575	108725	310358	360368	682431	755096	845074
山东	6400	137700	424886	652124	1101159	820246	1235267	1405315	1519512
河南	565	10691	35861	45165	306162	403266	1211800	1345659	1492700
湖北	532	21057	120993	140151	288551	411448	566591	688847	792800
湖南	4012	13521	118747	103089	356400	430400	728034	870482	1026585
广东	91910	486147	1575526	1658946	1961800	2126700	2410600	2532700	2727800
广西	4493	23741	57600	61804	94400	123419	74853	70008	100100
海南	2643	53160	57291	99878	112499	128468	164119	181060	191558
四川	2500	40959	152483	151654	310081	607894	2112754	2117196	2128274
贵州	286	3574	14010	9383	15333	17379	109805	157415	213053
云南	164	2875	20679	28362	55233	93618	218900	251500	270600
陕西	818	4583	36455	41064	119516	136954	293609	367800	417600
甘肃	444	4740	20558	22620	38202	47642	37210	39129	39129
青海	13	191	5586	11380	31000	22000	20578	9372	5010
宁夏	99	906	5086	3166	16968	12073.2	34809	20384	14304
新疆	518	5403	16335	16834	12484	18984	40795	48102	41700

资料来源：1978～2014 年各省份统计年鉴，《新中国 60 年统计资料汇编》。

　　我国加入世界贸易组织以后，外商直接投资量在珠三角地区出现增长放缓的趋势，外商直接投资比重逐年减少的情况在广东也开始出现，而北京、天津、辽宁、山东、河北等环渤海沿海地区，上海、江苏等长三角地带的外商直接投资由于规模经济、人力资本、政策方面的优势开始迅速增长。总体而言，近年来各地区外商直接投资均开始出现放缓的情况。由于受全球跨国并购不断减少的影响，外商直接投资增长速度放缓也呈现全球性的趋势。如图5.6所示，我国的外商直接投资虽然多集中于东部沿海地区，但当前逐渐出现缓慢的由东部地区向中部地区扩散的情形。西部地区尽管也有一定的增长，由于其原先的绝对基数较小，除陕西和四川外，流入西部地区的外商直接投资并不多。

图5.6 我国东、中、西部地区实际利用外资额

资料来源：1978～2014年各省份统计年鉴，《新中国60年统计资料汇编》。

东部地区利用外商投资占全国比重较高的情况和贸易结构状况存在一定的关联。东部地区作为曾经实施国家工业化的重点地区，其工业产品生产规模和出口规模迅速上升，这与我国乃至该地区资本和技术要素相对缺乏的状况是矛盾的。在这种条件下，除了压缩消费基金比例，提高积累基金比例，另外一个重要的渠道就是通过引进外资来弥补缺口，这些会进一步强化资本和技术要素的地位。后文的数据将显示在大多数年份，我国利用的外商直接投资确实大部分投向了工业部门，这在弥补了工业部门资本不足的同时也大大强化了资本在工业部门中的地位。

从行业层面看，改革开放以来，随着我国吸引外资规模的不断扩大，以及经济结构不断调整优化，外商直接投资在我国投资的产业结构已经有了很大的改善。尽管如此，流入我国的外商直接投资大部分还是投向工业领域，尤其是制造业（如图 5.5 所示）。目前我国吸收外商直接投资的产业结构基本格局如下：行业分布不均，以制造业为主的第二产业是外商直接投资的主要行业，外商投资于农业领域较少，第三产业吸引外商直接投资的规模不断增大，有利于逐步优化我国吸引外资的行业结构。

第一产业包括农、林、牧业、渔业，属于大量消耗自然资源的产业。改革开放初期，我国第一产业吸引了较高比例的外商直接投资，究其原因，主要是由于我国地大物博，自然资源相对丰富，外资为利用我国优质资源，加上我国引进外资的优惠政策，吸引了大量外国企业来投资利用。随着外商直接投资观念的转变，其在第一产业的投资比率开始下降（Coughlin & Segev，2000），2015 年第一产业外商直接投资比例仅为 1.21%，主要投向了工业部门。

第二产业包括采矿业、制造业、建筑业以及电、燃气及水的生产和供应业等，属于劳动力密集型产业和资本密集型的产业，需要雇用大量工人并投入很多资本，在改革开放初期外商直接投资的比重很低，我国富余的劳动力并未充分发挥作用，随着各主要工业国人力成本的不断提高，出于降低劳动成本的考虑，利用我国廉价劳动力，外商开始选择工资收入水平较低的中国作为生产基地（Sun，1998），外资投入第二产业的比率开始逐年上升，使得第二产业变成外资投入最多的产业。

第三产业是指第一产业及第二产业以外的其他行业，包括交通运输、金融保险、房地产等服务业。和第一产业及第二产业相比较，第三产业更注重劳动者的素质，强调人力资本的作用，但是我们可以观察到，外商对我国第三产业的直接投资的投资结构有别于其他国家，在我国第三产业的投资主要集中在房地产业，对金融保险业的直接投资比例很小，而在其他国家的投资大多以金融保险业为主，房地产业的投资所占比率很低，在我国之所以会出现这样的情况和我国政府的相关政策是密不可分的，由于政策不允许外资投入金融保险等相关行业，使得房地产业变成外商投资的重点（Broadman，1997）。

图5.7是1997～2014年中国外商直接投资产业分布和比重情况。我们可以看出，在1997～2005年期间流入第二产业的外商直接投资比重占据绝对优势，而在2006～2011年期间，流入第二产业的外商直接投资增速开始放缓，甚至出现下降的趋势，在2011年，第三产业的投资首次超过了第二产业，达到50.21%，之后继续保持快速增长的态势，2014年达到61.97%，远远大于第二产业的36.75%。

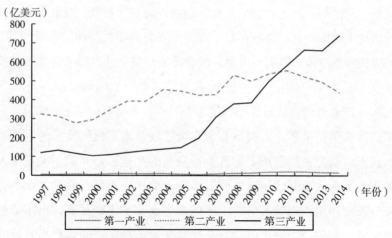

图5.7　1997～2014年中国外商直接投资产业分布情况

资料来源：根据历年《中国统计年鉴》整理而得。

从细分行业来看，外商在我国直接投资的行业存在明显的不均衡性。长期以来，我国人口众多，拥有丰富的劳动力资源，因此我国劳动力成本相对低下，全球化的到来，出现了全球化的采购，自然吸引到外商直接投资进入我国，"采购"我国廉价的劳动、投资于劳动密集型的加工行业，而对于技术含量较高、人力资本要求较高的高科技行业投资相对较少。从表5.10可见，

表 5.10　　　2005～2014 年按行业分实际利用 FDI 投资额

单位：百万美元

产业划分	指标	2005 年	2006 年	2007 年	2008 年	2009 年	2010 年	2011 年	2012 年	2013 年	2014 年
第一产业	农、林、牧、渔业	718.26	599.45	924.07	1191.02	1428.73	1911.95	2008.88	2062.20	1800.03	1522.27
第二产业	采矿业	354.95	460.52	489.44	572.83	500.59	684.40	612.79	770.46	364.95	562.22
	制造业	42452.91	40076.71	40864.82	49894.83	46771.46	49590.58	52100.54	48866.49	45554.98	39938.72
	电力、燃气及水的生产和供应业	1394.37	1281.36	1072.55	1696.02	2112.06	2124.77	2118.43	1638.97	2429.10	2202.90
	建筑业	490.20	688.01	434.24	1092.56	691.71	1460.62	916.94	1181.76	1219.83	1239.49
第三产业	交通运输、仓储和邮政业	1812.30	1984.85	2006.76	2851.31	2527.28	2243.73	3190.79	3473.76	4217.38	4455.59
	信息传输、计算机服务和软件业	1014.54	1070.49	1485.24	2774.79	2246.94	2486.67	2699.18	3358.09	2880.56	2755.11
	批发和零售业	1038.54	1789.41	2676.52	4432.97	5389.80	6595.66	8424.55	9461.87	11510.99	9463.40
	住宿和餐饮业	560.17	827.64	1041.65	938.51	844.12	934.94	842.89	701.57	771.81	650.21
	金融业	219.69	293.69	257.29	572.55	456.17	1123.47	1909.70	2119.45	2330.46	4182.16
	房地产业	5418.07	8229.50	17088.73	18589.95	16796.19	23985.56	26881.52	24124.87	28798.07	34626.11
	租赁和商务服务业	3745.07	4222.66	4018.81	5058.84	6078.06	7130.23	8382.47	8211.05	10361.58	12485.88

续表

产业划分	指标	2005年	2006年	2007年	2008年	2009年	2010年	2011年	2012年	2013年	2014年
	科学研究、技术服务和地质勘查业	340.41	504.13	916.68	1505.55	1673.63	1966.92	2457.81	3095.54	2750.26	3254.66
	水利、环境和公共设施管理业	139.06	195.17	272.83	340.27	556.13	908.59	864.27	850.28	1035.86	573.49
第三产业	居民服务和其他服务业	260.01	504.02	722.70	569.92	1585.96	2052.68	1883.57	1164.51	656.93	718.13
	教育	17.75	29.40	32.46	36.41	13.49	8.18	3.95	34.37	18.22	20.97
	卫生、社会保障和社会福利业	39.26	15.17	11.57	18.87	42.83	90.17	77.51	64.30	64.35	77.57
	文化、体育和娱乐业	305.43	241.36	451.09	258.18	317.56	436.12	634.55	536.55	820.79	823.38
	公共管理和社会组织	—	—	—	—	0.01	—	0.66	0.05	0.05	9.30
	合计	60320.99	63013.54	74767.45	92395.38	90033.72	105735.24	116011.00	111716.14	117586.20	119561.56

资料来源：根据历年《中国统计年鉴》整理而得。

其中制造业成为实际利用外资最多的行业,虽然近年来有所下降,但仍然占每年全国所外资总额比重均接近50%,远远高于其他行业。虽然我国利用外资总金额逐年上升,但是从利用外资的产业结构上来说仍不理想。我国吸引外资,希望将其投资于我国技术密集型行业的初衷没有实现,我国的农业在基础设施和技术方面较为落后,需要引进大量资金、技术和设备,但外商在这方面却很少投资;对第二产业的投资主要集中在劳动密集型产业,而对于资金密集型产业和技术产业投资相对较少;而第三产业中外商对于交通运输等服务行业资金投入也非常薄弱,但这些行业也需要引进更多的资金和技术来进行开拓和发展。

从以上分析可见,我国经济改革开放过程中,制造业占据绝对重要地位,经济开放对制造业影响最大,为进一步分析行业层面我国经济开放、技术进步偏向性与劳动收入份额的关系,本书以制造业为例进行考察。

5.1.2.2 我国外商直接投资来源地情况

我国外商直接投资主要来源于美国、英国、德国、日本、韩国、新加坡、法国、加拿大以及我国香港和台湾地区。随着中国对外商直接投资政策的发展和国际环境的变化,外商直接投资的来源地也在不断变化。20 世纪 80 年代初,在中国外商直接投资的国家(地区)只有 30 多个,到 2014 年的时候已经有超过 200 个国家(地区)的外商来中国进行直接投资,已然形成了投资主体趋向多元化的格局。2014 年外商直接投资来源地排名前十位国家(地区)依次是:中国香港、新加坡、日本、韩国、美国、德国、中国台湾、英国、法国、荷兰。表 5.11 中列出了我国 1998 ~ 2014 年我国实际使用外商直接投资的情况,到 1998 ~ 2008 年我国利用的外商直接投资中,发达国家(地区)的所占比重在下降,而其他国家(地区)所占的比重在上升,2007 年达到了 35.07%,我国的外资来源有逐渐分散的趋势。但 2008 年受金融危机影响,我国利用外商直接投资数量又出现下降的趋势。

表 5.11 　　　　　　　　　　我国实际使用外资来源地情况 　　　　　　单位：万美元

年份	发达国家（地区）		其他国家（地区）	
	实际利用外商直接投资额 （万美元）	比重 （%）	实际利用外商直接投资额 （万美元）	比重 （%）
1998	3919712	86.95	588465	13.05
1999	3572400	89.00	441494	11.00
2000	3441301	84.87	613264	15.13
2001	3829887	81.85	849139	18.15
2002	4189913	79.77	1062601	20.23
2003	4260265	80.83	1010282	19.17
2004	4613815	78.05	1297289	21.95
2005	4405877	74.19	1532549	25.81
2006	4309617	69.45	1895488	30.55
2007	4813936	64.93	2599684	35.07
2008	6389774	69.86	2757012	30.14
2009	6843173	77.47	1989691	22.53
2010	8572336	81.91	1893766	18.09
2011	9725838	84.03	1847948	15.97
2012	9510264	85.99	1549062	14.01
2013	10372842	88.24	1382735	11.76
2014	10743733	90.12	1178246	9.88

资料来源：国家统计局网站。

5.1.2.3　我国引进外商直接投资的技术导向

外商直接投资企业创造了中国近一半的进出口贸易、1/10 的城镇就业、1/5 的财政税收和 1/4 的工业产值（高虎城，2015）。这种影响与我国对引进外商直接投资政策导向紧密相关，1995 年我国首次颁布了《外商投资产业指导目录》（以下简称《目录》），先后在 1997 年、2002 年、2004 年、2007 年、

2011 年和 2015 年进行了六次相关内容的修订，一共有 7 个版本，《目录》中主要包含：鼓励类外商投资项目、限制类外商投资项目和禁止类外商投资项目等。其中，鼓励类外商投资项目是《目录》中最主要的部分，且对外商直接投资活动影响最为显著，充分体现出引进外商直接投资政策的导向性，说明我国引进外商直接投资导向演变的基本动因。我国外商直接投资导向指数，如表 5.12 所示。

表 5.12 我国外商直接投资导向指数

《目录》版本	鼓励类总条目数	WTO 承诺履行条目数	就业岗位创造条目数	出口贸易创造条目数	技术缺口弥补条目数	管理经验不足弥补条目数
1995 年	165	0	54	73	96	15
1997 年	185	0	58	74	98	15
2002 年	261	5	47	83	150	26
2004 年	254	5	48	89	174	31
2007 年	361	6	49	102	224	31
2011 年	352	8	45	84	236	34
2015 年	349	7	35	83	237	40

资料来源：《外商投资产业指导目录》。

我国引进外商直接投资的各指标条目数量，从 1995～2015 年，出口贸易创造条目数从 73 条上升到 2007 年的 102 条，之后版本中又减少，2015 年为 83 条；而技术缺口弥补条目数一直大幅上升，由 1995 年的 96 条上升到 2015 年 237 条，占外商投资鼓励类总条目的 67.9%，管理经验不足弥补条目数也出现了上升的趋势，这就说明了我国在引进外商直接投资导向上已经由以出口贸易创造为主转变为以技术缺口弥补和管理经验不足弥补为主。知识经济时代，我国面临高技术创新能力不足和核心技术的缺乏等问题，从我国的发展特征来看，现阶段，鼓励自主创新的同时要大力引进国外先进技术，仅靠国内资源难以弥补技术缺口或弥补成本较高，因此现在就需要从国外引进先进技术来弥补国内经济发展对于技术的要求，因此弥补技术缺口就成了引进外商直接投资的重要导向。

可见，我国改革开放以来，贸易规模不断扩大，对外贸易依存度增加。贸易产品结构发生了变化，资本及技术密集型产品出口上升，劳动密集型产品出口有所下降，资源密集型产品出口大幅下降；资源密集型产品进口增加，进设备、高新技术产品进口增加。贸易对象主要是发达国家（地区），但近年来与新兴国家（地区）的贸易有所上升。对外贸易区域不平衡，东部地区对外贸易最活跃，中部次之，西部最少。对外贸易的行业主要集中于制造业。另外，为实现国家工业化，并在以市场换技术的导向下，我国大量引进外资，东部地区利用外商直接投资占全国比重较高，外商直接投资主要倾向于劳动密集型的加工工业，而较少的投资于技术含量较高的高科技行业。其中实际利用外资最多的行业为制造业。到 1998～2008 年我国利用发达国家（地区）外商直接投资的比重在下降，虽然近年来利用其他国家（地区）的外商直接投资额比重在上升，但我国外商直接投资主要来源地还是发达国家（地区）。

5.2 我国劳动收入份额演变情况

关于劳动收入份额的演变趋势，20 世纪 80 年代以前就有西方学者认为劳动收入份额并不稳定，而进入 80 年代以后，劳动收入份额普遍下降则成为共识。达龙·阿西莫格鲁（Daron Acemoglu，2003）认为在长期，经济发展类似于标准的增长模型，劳动收入份额为常数，但在转型阶段劳动收入份额下降。泰特尔等（Tytell et al.，2007）认为大多数发达国家多年来劳动收入份额是降低的。劳利斯等（Lawless et al.，2007）认为欧洲劳动收入份额是下降的。乔根森（Jorgenson，2011）认为自 1980 年以来美国、日本和欧盟总体而言劳动收入份额是下降的。当然劳动收入份额演变规律在不同国家还是有所区别的，正如布兰查德等（Blanchard et al.，1997）指出的那样，欧洲大陆的劳动收入份额自 20 世纪 70 年代后期开始下降，而盎格鲁－撒克逊

（Anglo-Saxon）国家同时期的劳动收入份额却相对稳定。

关于我国劳动收入份额的演变趋势，劳动收入份额下降已成为不争的事实（蔡昉，2005；李稻葵，2007）。还有如白重恩等（2008）、李稻葵等（2009）、顾乃华（2010）、张杰等（2010）、郭晗等（2011）、王丹枫（2011）、钱晓烨等（2011）、赵秋运等（2012）、魏下海等（2012）、张车伟（2012）、常进雄等（2012）、王宋涛（2012）、宁光杰（2013）等，自20世纪80年代以来劳动收入份额下降的趋势学者们已达成共识。

同时，劳动收入份额作为本书的研究对象，在考察其演变趋势之前，需要清晰的界定和准确度量。如前文所定义，本书剔除了生产净税额影响来估算我国改革开放以来的劳动收入份额及资本收入份额。准确的度量劳动收入份额既能使我们真正了解它的变动趋势，又能为我们探索影响其变动的因素提供必要基础。

5.2.1 全国层面劳动收入份额演变情况

综合国家统计局的数据资料，可以得到两套收入法 GDP 数据。第一套为修订前数据：《中国国内生产总值核算历史资料 1952~1995》和《中国国内生产总值核算历史资料 1996~2002》；第二套根据 2004 年经济普查年鉴《中国国内生产总值核算历史资料 1952~2004》修订。结合两套数据，补充和修正了从 2004~2014 年的数据，从而获得了从 1978~2014 年一致可比的劳动收入份额序列（如表 5.13 和图 5.8 所示）

从图 5.8 可见，我国自 1978 年改革开放以来国民收入分配格局经历了几次重要的变化。1978~1984 年劳动收入份额有所上升，从 56.9% 上升至 60.7%，就如李扬（1992）的观察的一样，表现为国民收入分配向劳动者倾斜。但是，在 1985~1989 年劳动收入份额却出现了小幅下降，从 60.1% 下降到 59.4%，并且在 1990~1993 年间出现了一次较大幅度的下降，1993 年劳动收入份额下降为 57.6%，并在 1998~2007 年劳动收入份额持续下降，由 1998 年的 59.6% 下降至 2007 年最低点 50.3%，表现为国民收入分配向资本倾斜。2008 年后，劳动收入份额有所回升，到 2014 年我国劳动收入份额为 55.1%。可见，改革开放以来从总体趋势上看，劳动收入份额仍呈显著下降趋势，这确实值得我们关注和研究。

表 5.13　　　　　　　**1978～2014 年我国劳动收入份额情况**　　　　　单位：%

年份	劳动收入份额	年份	劳动收入份额
1978	56.9	1997	59.5
1979	58.5	1998	59.6
1980	58.1	1999	58.8
1981	59.8	2000	57.8
1982	60.6	2001	57.2
1983	60.7	2002	56.8
1984	60.7	2003	55.0
1985	60.1	2004	50.2
1986	60.0	2005	50.7
1987	59.4	2006	50.3
1988	60.0	2007	50.3
1989	59.4	2008	54.5
1990	61.4	2009	55.0
1991	60.1	2010	53.1
1992	57.8	2011	53.2
1993	57.6	2012	54.2
1994	58.8	2013	54.5
1995	59.5	2014	55.1
1996	59.3		

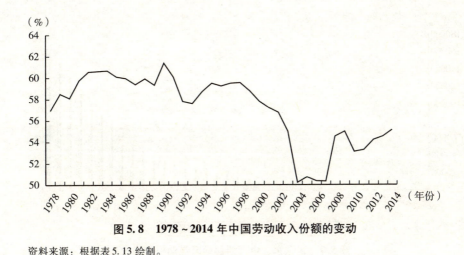

图 5.8　1978～2014 年中国劳动收入份额的变动

资料来源：根据表 5.13 绘制。

5.2.2　区域层面劳动份额演变情况

改革开放以来，各地区劳动收入的绝对量都在大幅上升，东部地区由 1978 年的 600 多亿元上升到 2014 年的 160461.79 亿元，中部地区由 1978 年的 600 多亿元上升到 2014 年的 92078.75 亿元，西部地区由 1978 年的 400 多亿元上升到 2014 年的 65717.55 亿元，由图 5.9 可见，我国加入世界贸易组织以后，各地区的劳动报酬迅速增加。可见，全球化使得资源在全球范围内有效配置，从而使得国民收入这个"蛋糕"变大了。经济开放各个方面实实在在地促进了经济发展，但同时也对初次收入分配中的劳动收入份额产生了重要的影响，由于我国经济社会发展存在较大的区域差异，劳动收入份额在不同区域的演变表现出了不同的特征。

从各个省份的统计数据来看，我国劳动收入份额下降的趋势也得到了证实，不论是中国东部、中部还是西部，劳动收入份额总体来看都呈现了下降的趋势。如表 5.14 及图 5.10 所示，我国东、中、西部地区劳动收入份额大致表现出了相同的演变趋势——都经历了先上升后下降，而后小幅上升。

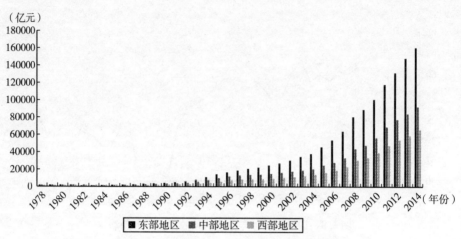

（亿元）

图5.9　我国东、中、西部地区劳动报酬情况

资料来源：各省份历年统计年鉴，国家统计局。

表5.14　　　　　　　　　　我国东、中、西部地区劳动报酬占比　　　　　　单位：%

年份	东部地区	中部地区	西部地区	年份	东部地区	中部地区	西部地区
1978	48	60	75	1992	52	58	75
1979	50	61	75	1993	51	59	79
1980	50	60	76	1994	51	62	79
1981	51	63	78	1995	52	64	81
1982	52	63	78	1996	51	65	78
1983	52	64	77	1997	52	64	78
1984	53	64	74	1998	53	63	77
1985	53	62	75	1999	53	61	77
1986	53	63	73	2000	52	59	75
1987	52	62	74	2001	52	59	74
1988	54	62	74	2002	52	59	73
1989	53	62	74	2003	50	56	70
1990	54	64	76	2004	46	51	64
1991	54	62	75	2005	46	52	64

续表

年份	东部地区	中部地区	西部地区	年份	东部地区	中部地区	西部地区
2006	47	51	63	2011	49	54	65
2007	47	50	62	2012	50	55	65
2008	50	55	69	2013	51	55	64
2009	51	56	68	2014	51	55	66
2010	49	54	66				

资料来源：国家统计局网站，各省份历年统计年鉴。

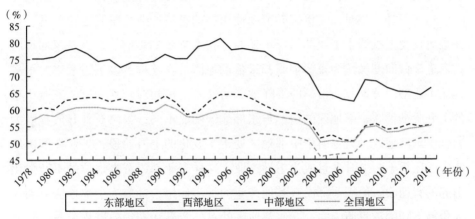

图 5.10　我国东、中、西部地区劳动收入份额占比

资料来源：根据表 5.15 绘制。

从绝对数值看，东部地区劳动劳动收入份额的数值最低，其劳动收入份额一直低于中部、西部及全国劳动收入份额，这说明东部地区劳动收入份额一直处在较低水平。同时，我们观察到，东部地区劳动收入份额 2004 年以后出现小幅上升，较全国及中、西部地区更早一些，并且 GDP 比例的增长始终高于劳动报酬比例的增长，可见在改革开放过程中，东部地区初次收入分配向资本倾斜，劳动的地位相对下降，但近年来有所提升。

中部地区劳动收入份额与全国劳动收入份额的演变趋势相似，高于东部地区低于西部地区，且较为平稳，1999 年以前维持在 60% 左右，1999～2007

年出现下降, 2007~2014 年出现小幅上升, 但仍在 55% 左右。西部地区劳动收入份额最高, 2003 年以前, 其劳动收入占比一直在 70% 上, 2003 年以后出现下降, 但都在 60% 以上。

　　从我国几大地区的劳动收入份额与对外开放的对应情况看, 我国在改革开放的进程中无论哪个地区的开放程度均在不断提高, 与此同时, 劳动收入份额在不断下降, 这二者之间存在着紧密的联系。从不同地区的情况看又各有不同的特点。东部地区作为对外开放的主力, 进出口、外资引进都占了全国的绝大多数, 工业部门的资本地位得到极大强化, 工业部门劳动收入份额下降的也是相当明显。与此同时, 东部地区工业占国民经济比重也在达到高峰后迅速下降, 相对而言更偏向劳动使用型的第三产业比重则迅速上升, 这在很大程度上抵消了工业部门资本偏向型技术进步的影响, 这也是东部地区技术进步偏向度虽然为正, 但是却最低的原因。在这样的发展过程中, 东部地区工业部门劳动收入份额的下降被劳动收入份额相对较高的第三产业比重的上升所抵消。中部地区的情况与东部地区明显不同, 虽然对外开放程度大大低于东部地区, 但是由于中部地区处于工业化的上升阶段, 工业在国民经济中的比重不断上升并且成为主导产业, 这样工业部门资本地位的不断强化引起的劳动收入份额下降没有其他产业的抵消作用, 其成为中部地区劳动收入份额下降的重要原因之一。西部地区的对外贸易和利用外资规模与中部地区相仿, 但是由于其经济总量相对较小, 因此, 其开放水平要高于中部地区, 工业部门的资本偏向型技术进步对劳动收入份额的冲击作用要高于中部地区。但是西部地区工业化水平比较低, 工业占比也相对较低, 尤其是劳动收入份额最高的农业占比较高, 因此劳动收入份额的演变呈现与东部地区类似的情况。

5.2.3　制造业劳动收入份额演变情况

　　关于制造业的劳动收入份额演变情况, 现有较多研究说明制造业变动较大, 例如, 白重恩和钱震杰 (2009) 的计算, 各部门的劳动收入份额变化中，工业部门所占 1.65%，贡献最大。张杰等（2012）的测算也显示，制造业劳动收入份额在 1999~2009 年下降幅度达到 10 个百分点。本书根据历年《中国劳动统计年鉴》的相关数据，以及《中国工业统计年鉴》，计算得到 1999~2014 年制造业的劳动收入份额。如表 5.15 所示，我国制造业的劳动收入份额自 1999 年的 0.51 下降到 2011 年的 0.29，2011 年后有所回升，2014 年为 0.38，与 2003 年水平相当。总体来看，制造业劳动收入份额下降幅度达到十几个百分点。从图 5.11 中可见，与全国情况相比，波动幅度较大。制造业作为对外开放进程中最活跃的行业，劳动收入份额影响最大。

表 5.15　　　　　　　　　　我国制造业劳动收入份额情况

年份	制造业	全国
1999	0.51	0.59
2000	0.44	0.58
2001	0.42	0.57
2002	0.41	0.57
2003	0.38	0.55
2004	0.37	0.50
2005	0.37	0.51
2006	0.36	0.50
2007	0.33	0.50
2008	0.35	0.55
2009	0.36	0.55
2010	0.30	0.53
2011	0.29	0.53
2012	0.36	0.54
2013	0.34	0.55
2014	0.38	0.55

资料来源：国家统计局网站，历年《中国工业统计年鉴》。

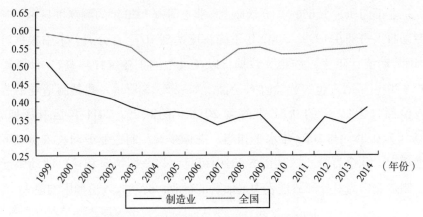

图 5.11　全国及制造业劳动收入份额情况

资料来源：根据表 5.15 绘制。

从细分行业来看，1998～2007 年各细分行业劳动收入份额都表现出下降的趋势，但资本密集型行业与劳动密集型行业表现出不同的特征。图 5.12 给出了制造业细分行业人均固定资本以及劳动收入份额的表现，本书按在 2000 年的人均资本进行了排序，分别给出了 2000 年及 2007 年的情况。图 5.12 的左边是劳动密集型行业，右边是资本密集相对较高的行业。从图 5.12 我们可以看到，虽然在各个行业资本密集度有变化，但是总体上的排序并没有发生大的变化。也就是说，产业有着自身要素使用上的特点。并且我们可以发现劳动密集型行业资本深化的程度很小且有限。从各行业劳动收入份额来看，劳动密集行业的劳动收入份额远高于资本密集的行业，大部分行业劳动收入份额都表现出下降的趋势，资本密集型行业的劳动收入份额比劳动密集行业下降得更快。

从以上分析可见，改革开放以来从总体趋势上看，我国劳动收入份额呈显著下降趋势，近年来有所回升。从区域上看，东部地区下降最多，中部地区次之，西部地区最少。制造业部门劳动份额下降的最快，但近年来有上升的趋势。

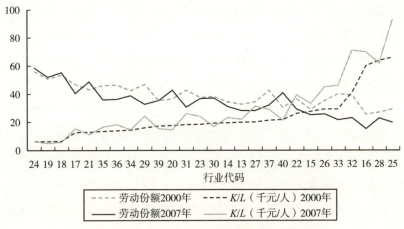

图 5.12　行业资本密集度及劳动收入份额

注：13 农副食品加工业；14 食品制造业；15 饮料制造业；16 烟草制品业；17 纺织业；18 纺织服装、鞋、帽制造业；19 皮革、毛皮、羽毛（绒）及其制品业；20 木材加工及木、竹、藤、棕、草制品业；21 家具制造业；22 造纸及纸制品业；23 印刷业和记录媒介的复制；24 文教体育用品制造业；25 石油加工、炼焦及核燃料加工业；26 化学原料及化学制品制造业；27 医药制造业；28 化学纤维制造业；29 橡胶制品业；30 塑料制品业；31 非金属矿物制品业；32 黑色金属冶炼及压延加工业；33 有色金属冶炼及压延加工业；34 金属制品业；35 通用设备制造业；36 专用设备制造业；37 交通、运输设备制造业；39 电气机械及器材制造业；40 通信设备、计算机及其他电子设备制造业。

资料来源：中国工业企业数据库。

5.3　对外开放引致的偏向型技术进步对我国劳动收入份额的作用机制

由第 4 章理论分析，结合我国对外开放中产品进出口贸易结构、贸易对象国特征、外商直接投资投向以及我国总体上要素替代弹性小于 1 的情况，对外开放引致了资本偏向型技术进步，提高了资本在生产过程中的相对地位，从而强化了资本的剩余索取权，导致资本份额不断上升，劳动收入份额不断下降。对外开放主要从国际贸易与外商直接投资来影响国我国的要素分配。

5.3.1　国际贸易方面

从图 5.13 中我们可以明显地看到，2007 年以前我国劳动收入份额总体上是下降的趋势，从 2008 年开始，我国劳动收入份额开始有所上升，有趣的是从图 5.13 可以看到，2007 年以前我国出口占 GDP 比重一直处于上升的趋势，而 2007 年以后出口占比不断下降，这种现象——出口占比与我国劳动收入份额变动呈反向变动趋势，这似乎背离了经典的贸易理论。S–S 定理认为对外贸易能够提高本国丰裕要素所有者的收入，降低本国稀缺要素所有者的收入，因此根据 S–S 理论，像中国这样劳动力相对充裕的国家随着对外贸易的开展将会增加本国劳动要素的收入。但是我们现实观察到的情况却并不是如此，究其原因本书认为经济开放不仅通过 S–S 定理所描述的途径来改变相对要素收入，更是通过了技术进步偏向影响我国的劳动收入份额。其影响机理如下：

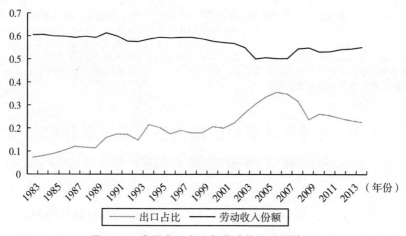

图 5.13　我国出口占比与劳动收入份额情况

资料来源：各省份历年统计年鉴。

改革开放以来，我国经济开放程度越来越高，同时我国出口产品贸易结构、进口产品贸易结构、贸易对象国的特征以及外商直接投资的大量引入，在要素替代弹性小于 1 的情况下，对外开放引致了我国的资本偏向型技术进步，从而对我国劳动收入份额产生了负面影响。根据前文理论机制分析，下文将对外开放、偏向型技术进步以及我国劳动收入份额的关系进行分析：

现实的对外贸易过程中对于不同的国家，我国具有不同的比较优势。对于发达国家，我国的比较优势在于劳动力资源比较丰富；对于大多数发展中国家而言，我们又具有资本和技术方面的比较优势。首先从与发展中国家的贸易来看，从表 5.3 可见，出口比重由 1998 年的 14.90% 上升到 2014 年的 34.16%，进口比重由 1998 年的 16.18% 上升到 2014 年的 38.32%，近年来我国与发展中国家的贸易越来越活跃。例如，第 3 章的理论机制分析，贸易活动会改变产品相对价格，我国与发展中国家的贸易开放（出口资本密集型产品、进口劳动密集型产品）提高了资本密集型产品的国内价格，资本密集型产品的中间国内价格也更高，投入资本使用型技术进步的动机就更强，这就是阿西莫格鲁（Acemoglu，2002）所说的价格效应。同时，我国从发展中国家进口劳动密集型产品，理论上这会降低我国劳动密集型产品的国内价格，但是改革开放较长时间以来，我国农村存在大量的剩余劳动力，在劳动力供给过剩的情况下，我国进口劳动密集型产品并不影响劳动力成本，即劳动密集型产品的价格不受影响，在这种情况下与发展中国家的贸易引发了相对较弱的劳动偏向型技术进步。近年来，如同蔡昉（2005）首次提出，"民工荒"现象的出现，是我国农村剩余劳动力从无限供给转向有限剩余的转折点。吴要武（2007）认为，2002~2004 年之间，是我国刘易斯拐点到来的时间，从此以后，引起了城镇劳动力市场劳动力的短缺，并导致了劳动力工资的快速增长。那么，随着我国刘易斯拐点的到来，我国劳动力由剩余变为短缺，相应的劳动力供给曲线开始向上倾斜，劳动力工资水平也开始不断提高。在这种情况下，我国进口劳动密集型产品必然会降低其在国内的价格。那么资本密集型产品与劳动密集型产品的相对价格更高，在替代弹性小于 1 的情况下，引发了相对较强的劳动偏向型技术进步。若我国多进口一些劳动密集型产品，这种作用更明显，但是从表 5.6 可见，我国劳动密集型产品的比重从 1993 年以来出现下降，由 33.69% 下降到 2014 年的 15.93%，弱化了劳动偏向型技术进步。

另外，与发达国家的贸易，从表 5.3 可见，出口比重由 1998 年的 85.10% 下降到 2014 年的 65.84%，进口比重由 1998 年的 83.82% 下降到

2014 年的 61.68%，近年来我国与发达国家的贸易比重有所下降，但仍占主要地位。例如，第 3 章的理论机制分析，贸易活动会改变产品相对价格，如同表 5.5 所示，我国出口的资本及技术密集型产品比重不断上升，从 1980 年的 10.83% 上升到 2014 年的 51.45%，出口的劳动密集型产品比重自 1994 年来不断下降，到 2014 年为 43.64%，出口以资本及技术密集型产品为主。这种情况会使资本及技术密集型产品与劳动密集型产品的相对价格上升，从而导致劳动偏向型技术进步，会提高劳动收入份额。这样，从总体来看，我国的贸易开放必然会导致劳动偏向型技术进步，进而提高我国的劳动收入份额，而事实上并非如此。

究其原因，我们不难发现，我国出口主要产品虽然是资本密集型产品，但实际上，研究发现，改革开放较长时间以来，我国的出口大部分来自跨国公司，我国工业化进程的需要以及在以市场换技术的政策导向下，大量引进外资，在产品市场上，我们期望外商能把先进的技术和管理经验引入中国，大量投资技术密集型行业。但是观察中国的各个行业可以发现，如表 5.16 所示，外商投资企业在资本及技术密集型的行业所占的比重较小，反而在劳动密集型行业所占的比重较高，外商直接投资的配置资源并没有按照我们所期望的那样。外资企业为了削减成本，很少培训非熟练劳动力变成熟练劳动力，而往往雇用当地非熟练劳动力进行生产加工，取而代之的是引进先进的设备和流动性充足的资本，外资利用我国廉价劳动力进行产品加工，而后出口。我国成为世界大工厂，表面上看我国出口的资本密集型产品在增加，实际上我们处于国际分工的低端，出口仍然是劳动密集型产品为主。那么根据前文理论机理的分析，我国与发达国家的贸易（出口劳动密集型产品，进口资本密集型产品）会降低资本密集型产品与劳动密集型产品的相对价格，在替代弹性小于 1 的情况下，引致了资本偏向型技术进步。从总体上来看，我国与发达国家的贸易引发的资本偏向型技术进步强于与发展中国家贸易引致的劳动偏向型技术进步，即对外开放引致了我国资本偏向型技术进步，进而对劳动收入份额产生了负面的影响。

表5.16 制造业细分行业 FDI 占比及资本密集度情况

行业	年份	FDI占比(%)	人均资本(万元/人)	行业	年份	FDI占比(%)	人均资本(万元/人)	行业	年份	FDI占比(%)	人均资本(万元/人)
农副食品加工业	1998	22.44	1.762	造纸及纸制品业	1998	46.02	1.754	非金属矿物制品业	1998	35.18	1.648
	1999	22.12	1.900		1999	50.00	1.996		1999	33.75	1.743
	2000	20.81	2.003		2000	54.59	2.630		2000	33.02	1.834
	2001	20.10	1.945		2001	53.61	2.806		2001	33.98	1.900
	2002	18.36	1.972		2002	49.31	2.983		2002	31.73	1.995
	2003	17.05	2.047		2003	44.94	3.282		2003	26.33	2.061
	2004	17.48	2.099		2004	51.80	3.228		2004	26.42	2.282
	2005	14.01	2.046		2005	45.78	3.724		2005	23.12	2.422
	2006	12.48	2.184		2006	42.57	3.934		2006	20.51	2.609
	2007	10.41	2.204		2007	38.41	3.953		2007	18.72	2.617
食品制造业	1998	67.27	1.769	印刷业和记录媒介的复制	1998	30.54	1.495	黑色金属冶炼及压延加工业	1998	9.43	3.040
	1999	71.22	1.856		1999	32.17	1.702		1999	9.55	3.752
	2000	62.06	1.972		2000	34.59	1.863		2000	9.02	4.127
	2001	65.51	2.075		2001	38.21	2.090		2001	8.60	4.359
	2002	57.49	2.050		2002	35.57	2.212		2002	7.55	4.793
	2003	45.43	2.089		2003	38.46	2.341		2003	6.65	4.963
	2004	41.32	2.327		2004	35.48	2.382		2004	6.95	5.145
	2005	35.42	2.142		2005	32.91	2.447		2005	7.03	5.683
	2006	29.46	2.274		2006	29.51	2.516		2006	7.08	6.525
	2007	28.40	2.329		2007	28.55	2.407		2007	6.80	7.099

续表

行业	年份	FDI占比(%)	人均资本(万元/人)	行业	年份	FDI占比(%)	人均资本(万元/人)	行业	年份	FDI占比(%)	人均资本(万元/人)
饮料制造业	1998	41.16	2.267	文教体育用品制造业	1998	67.76	0.693	有色金属冶炼及压延加工业	1998	20.88	2.735
	1999	41.92	2.743		1999	67.36	0.620		1999	18.11	3.017
	2000	41.43	2.762		2000	69.43	0.651		2000	15.21	2.934
	2001	44.62	3.047		2001	60.99	0.639		2001	13.94	3.170
	2002	42.86	3.299		2002	63.41	0.650		2002	15.65	3.605
	2003	43.13	3.417		2003	62.70	0.620		2003	13.19	3.749
	2004	37.50	3.443		2004	64.65	0.592		2004	12.84	3.792
	2005	32.37	3.270		2005	58.27	0.623		2005	10.66	4.242
	2006	28.97	3.318		2006	53.32	0.644		2006	8.27	4.564
	2007	25.63	3.326		2007	52.88	0.655		2007	7.09	4.609
烟草制品业	1998	0.39	4.709	石油加工、炼焦及核燃料加工业	1998	5.72	5.253	金属制品业	1998	45.74	1.322
	1999	0.42	5.758		1999	5.85	6.784		1999	45.74	1.332
	2000	0.26	6.005		2000	4.85	6.604		2000	46.94	1.449
	2001	0.31	6.869		2001	8.41	9.581		2001	45.57	1.477
	2002	0.18	7.080		2002	9.05	9.643		2002	41.72	1.437
	2003	0.18	7.475		2003	6.98	8.985		2003	36.21	1.446
	2004	0.14	7.859		2004	5.78	8.534		2004	33.46	1.313
	2005	0.07	7.379		2005	4.71	8.834		2005	29.36	1.394
	2006	0.07	7.200		2006	4.52	9.398		2006	26.36	1.466
	2007	0.05	6.973		2007	3.90	9.285		2007	23.86	1.484

续表

行业	年份	FDI占比(%)	人均资本(万元/人)	行业	年份	FDI占比(%)	人均资本(万元/人)	行业	年份	FDI占比(%)	人均资本(万元/人)
纺织业	1998	29.54	1.148	化学原料及化学制品制造业	1998	28.71	2.318	通用设备制造业	1998	30.81	1.163
	1999	32.39	1.295		1999	28.55	2.614		1999	32.62	1.288
	2000	28.80	1.296		2000	27.31	2.922		2000	32.40	1.367
	2001	30.77	1.350		2001	28.82	3.284		2001	33.73	1.441
	2002	30.61	1.413		2002	27.98	3.590		2002	30.50	1.559
	2003	30.78	1.509		2003	26.47	3.731		2003	27.06	1.574
	2004	32.13	1.397		2004	24.30	3.775		2004	26.06	1.460
	2005	27.32	1.479		2005	23.15	4.038		2005	23.53	1.541
	2006	25.56	1.546		2006	24.50	4.557		2006	21.78	1.646
	2007	23.48	1.546		2007	22.57	4.505		2007	19.96	1.684
纺织服装、鞋、帽制造业	1998	44.14	0.681	医药制造业	1998	22.44	1.606	专用设备制造业	1998	18.26	1.189
	1999	41.13	0.648		1999	22.84	1.828		1999	18.86	1.300
	2000	37.26	0.672		2000	20.94	2.031		2000	18.86	1.403
	2001	34.08	0.599		2001	20.37	2.145		2001	22.21	1.492
	2002	33.87	0.583		2002	21.50	2.426		2002	19.86	1.601
	2003	33.01	0.582		2003	21.75	2.653		2003	19.12	1.619
	2004	32.02	0.537		2004	22.61	2.984		2004	25.35	1.557
	2005	30.70	0.580		2005	20.52	3.156		2005	23.14	1.681
	2006	33.42	0.610		2006	18.85	3.267		2006	21.90	1.805
	2007	26.36	0.616		2007	18.41	3.141		2007	21.84	1.840

续表

行业	年份	FDI占比(%)	人均资本（万元/人）
皮革、毛皮、羽毛（绒）及其制品业	1998	37.77	0.704
	1999	40.14	0.666
	2000	36.75	0.658
	2001	35.77	0.603
	2002	34.26	0.591
	2003	33.56	0.576
	2004	38.00	0.488
	2005	34.00	0.512
	2006	30.25	0.519
	2007	27.91	0.534
木材加工及木、竹、藤、棕、草制品业	1998	43.68	1.516
	1999	38.98	1.612
	2000	39.73	1.788
	2001	40.66	1.789
	2002	38.35	1.839
	2003	33.37	1.571
	2004	29.79	1.450
	2005	23.50	1.481
	2006	16.91	1.497
	2007	12.98	1.470

行业	年份	FDI占比(%)	人均资本（万元/人）
化学纤维制造业	1998	57.29	4.748
	1999	48.22	5.790
	2000	47.77	6.385
	2001	53.42	5.407
	2002	47.74	5.877
	2003	44.55	5.895
	2004	43.90	5.898
	2005	41.45	5.991
	2006	37.07	6.160
	2007	33.21	6.191
橡胶制品业	1998	45.36	1.291
	1999	48.56	1.470
	2000	50.90	1.617
	2001	47.83	1.948
	2002	47.70	1.986
	2003	42.37	2.009
	2004	51.92	1.861
	2005	44.04	2.012
	2006	40.08	2.186
	2007	41.80	2.440

行业	年份	FDI占比(%)	人均资本（万元/人）
交通运输设备制造业	1998	26.19	1.798
	1999	30.16	1.996
	2000	31.10	2.149
	2001	27.92	2.304
	2002	23.36	2.438
	2003	21.40	2.483
	2004	27.11	2.432
	2005	26.03	2.630
	2006	27.11	2.872
	2007	23.97	2.916
电气机械及器材制造业	1998	38.11	1.531
	1999	39.71	1.654
	2000	36.06	1.735
	2001	37.25	1.766
	2002	35.39	1.739
	2003	32.20	1.675
	2004	31.92	1.426
	2005	27.38	1.499
	2006	25.00	1.542
	2007	23.61	1.550

续表

行业	年份	FDI 占比（%）	人均资本（万元/人）	行业	年份	FDI 占比（%）	人均资本（万元/人）	行业	年份	FDI 占比（%）	人均资本（万元/人）
家具制造业	1998	43.27	1.114	塑料制品业	1998	62.80	1.754	通信设备、计算机及其他电子设备制造业	1998	44.45	1.992
	1999	49.35	1.174		1999	61.76	1.793		1999	45.42	2.129
	2000	46.57	1.310		2000	60.46	1.944		2000	45.11	2.187
	2001	42.54	1.153		2001	62.03	1.979		2001	45.12	2.612
	2002	42.70	1.172		2002	60.33	1.898		2002	46.59	2.732
	2003	49.82	1.135		2003	59.48	1.915		2003	45.01	2.600
	2004	46.53	0.894		2004	58.37	1.909		2004	51.51	2.290
	2005	40.21	0.978		2005	50.00	1.894		2005	50.09	2.293
	2006	37.62	1.086		2006	41.73	1.892		2006	47.97	2.236
	2007	34.98	1.149		2007	37.27	1.696		2007	53.14	2.160

注：包括各种统计年鉴在内的宏观数据数据没有提供这方面的信息，但是中国工业企业数据库提供了每家企业的所属行业，资本总额以及资本构成中的国家资本金、集体资本金、法人资本金、个人资本金、港澳合资本金、港澳合资本金，这就提供了通过年度行业累加的方式计算外资占比的可能。在资本来源未为内资。至于后两种，前四种属于中国主权范围，尽管港澳合属于中国主权范围，因此将港澳合属于和外商资本金合并为外资。

资料来源：中国工业企业数据库。

同时，我们看到近年来情况有所改善，从受开放影响最大的行业——制造业来看，我国制造业已经进入了高成本的时代，部分行业产能过剩，很大一部分企业应对危机的能力和技术研发能力都较为薄弱，普遍出现企业缺乏核心技术、工业创新相对落后的情况，这些关键问题严重制约了制造业的生存与发展，我国制造业迫切需要转型升级。2008 年，我国受金融危机的影响较大，但同时也加快了制造业的转型升级，在国家政策以及地方政府的大力推动下，一批企业不断提升自身技术水平，积极创新，在转型升级和发展智能制造道路上已经取得了明显的成效。国内制造业正在经历从低端到中高端的升级，中高端制造业也是中国经济未来发展的主要动力之一。近年来，随着制造业的转型升级，出口产品的结构真正得到了改善，资本密集型产品出口增加，出口产品升级，出口企业技术水平提升。使资本密集型产品与劳动密集型产品的相对价格上升，如上一章表 4.14 所示，制造业部门引致了劳动偏向型技术进步，制造业劳动收入份额从 2008 年开始出现了上升的趋势（如图 5.11 所示），从而对全国劳动收入份额的增加起到了一定的作用。

5.3.2　外商直接投资方面

从经济开放的另外一个要素外商直接投资来看，改革开放后，我国大量引进外资，一方面，是我国发展工业的需要，另一方面，从发达国家引进外资，也是以"市场换技术"的外商直接投资引进导向的结果。为了引进外资，我国通过一系列政策确保外资获得利润，资本地位被强化，导致资本偏向型技术进步，资本的相对收入和投入比重都不断增加，这必然导致资本份额不断提高、劳动收入份额不断下降。

中华人民共和国成立以来，我国最迫切的目标就是实现独立自主，这就要求我国必须实现国家工业化，国家工业化的标志不仅包括工业在国民经济中要占到相当比重，而且重工业必须具备相当的实力。实现国家工业化的要求与我国的资源禀赋之间产生了异常尖锐的矛盾，重工业还具备既不能轻易地使用机器装备取代劳动力、更不能轻易地使用劳动力替代机器设备这样一个鲜明特征。这个特征意味着我国发展工业所缺少的资本大部分仍然需要资本去填补，导致我国资本与工业化的矛盾被强化。为了解决这个矛盾，在改革以前相对封闭的发展环境下，我国确立了计划经济体制以确保资本的绝对优势地位，但是没过多久计划经济体制的问题暴露无遗。改革后开放的经济环境提供了解决矛盾的新途径——引进资本来发展我国工业。引进资本的必要条件是让外资获得利润，并且在引资市场处于竞争的情况下还要保证外资在国内获得的利润高于其他市场，资本地位被强化。另外我国改革起步时人均收入水平很低，工业生产出来的资本密集型产品无法由国内市场消化，大量产品需要出口，而主要出口对象又是发达国家，它们在资本密集型产品生产上具有比较优势、具有产品定价权，我们的产品为了保证出口成功，只能压低出口产品的价格，这个负担最后又转嫁到劳动力身上，这样资本的优势地位被大大强化。所述事实共同导致了劳动收入份额这些年总体上的下降趋势。在要素替代弹性小于的情况下，我国对外开放引致的偏向型技术进步对劳动收入份额的影响可分为两个阶段。

第一阶段：改革开放初期，我国农村存在大量剩余劳动力，劳动力成本低下，在与发展中国家的贸易中，资本密集型产品价格上升，劳动密集型产品价格影响较小，使最终产品相对价格上升，引致较弱的劳动偏向型技术进步，劳动收入份额有所上升。来自发达国家的外商直接投资，跨国企业利用我国廉价劳动力加工后出口，制造业多属于加工贸易，处于国际分工供应链的低端，表面上我国资本密集型产品出口增加，本质上出口仍为劳动密集型产品，这种情况下，我国与发达国家的贸易降低了最终产品相对价格，引致资本偏向型技术进步，由于与发达国家的贸易比重较大，我国劳动收入份额下降。

第二阶段：近年来，随着刘易斯拐点到来，我国农村大量剩余劳动力消失，劳动力成本上升，与发展中国家的贸易，使资本密集型产品价格上升，从发展中国家进口劳动密集型产品会降低我国劳动密集产品的价格，使最终产品相对价格上升，引致劳动偏向型技术进步，劳动收入份额有所上升。另外，近年来，随着我国产业结构的升级，尤其是我国制造业开始转型升级，出口产品的结构得到改善，出口企业技术水平提升，出口产品升级，资本密集型产品出口较上一阶段有所增加，与发达国家的贸易使产品相对价格下降减缓，引致较弱的资本偏向型技术进步，另外来自发达国家的外商直接投资，开始投向于技术密集型产业，人力资本需求增加，使这一阶段的劳动收入份额下降趋势减缓，甚至开始回升。

此外，各省份对外开放对劳动收入份额的影响机理总体上和全国一致，但除了省际间的贸易规模、贸易产品结构等方面的差异，导致了各区域劳动收入份额演变的差异外，还与我国地区之间区位差异以及经济发展水平的不平衡有直接关系。从地理区位的角度看，东部地区与国外贸易往来具有良好的运输等方面的优势条件，又有长期的实际开放经验，因此在我国改革以来重新对外开放进程中发挥了排头兵的作用。东部地区经济开放程度最高，国外资本流入目的地也主要是具有有利区位条件的东部地区，劳动收入份额受开放的影响也最大。从经济发展水平方面看，东部地区第三产业占国民经济的比重近年来迅速上升并逐步成为国民经济的主体。第三产业相对于工业部门更偏向于劳动使用型技术进步，而东部地区的现代第三产业又比较发达，现代第三产业不仅是劳动密集型，更是人力资本密集型。人力资本剩余索取权的增强使得整个劳动者的剩余索取权相对于工业部门有较大提高，第三产业劳动收入份额比工业部门高出较多。那么随着东部地区发展水平的提高，进入产业结构高度化的高级阶段，资本及技术密集型产品产出较中、西部地区高，出口比重也较高，因此与中、西部地区相比，与发达国家的贸易更有可能会引发较弱的资本偏向型技术进步，劳动收入份额下降程度会有所减缓。

5.4　本章小结

本章以第3章的理论为基础，从全国的角度分析了工业化战略下我国进出口、引进外资对技术进步偏向的影响以及这样的影响如何影响到我国劳动收入份额的演变趋势。通过本章的分析可以知道，这个影响过程的源头是工业化发展战略下，我国进出口贸易产品结构，贸易对象国特征，外商直接投资流向等，在要素替代弹性较小的情况下，导致技术进步偏向资本，最终的结果是劳动力相对地位和劳动收入份额的不断下降。随着刘易斯拐点的到来，以及我国制造业的转型升级，劳动收入份额下降的趋势得到改善。

另外，前文的分析也仅仅是定性的，对外开放对技术进步偏向、技术进步偏向对劳动收入份额的影响在定量上的表现如何？将在下一章进行实证检验分析。

第 6 章

实证检验分析

本章为本书的实证分析部分。其任务是对第 3 章的理论机制和第 5 章的分析中关于劳动收入份额的演变趋势和造成这种趋势的重要原因之一——经济开放引起的偏向型技术进步进行实证检验。前文已经分别构建数理模型并分析了对外开放对技术进步的偏向性产生影响，进而影响要素收入份额的作用机理，并且从全国层面、区域差异层面及行业层面考察了我国经济开放、偏向型技术进步以及劳动收入份额的情况，那么，本章将通过实证检验，从各层面验证对外开放对技术进步的偏向性的影响，技术进步偏向对劳动收入份额的影响，以及内生化技术进步对劳动收入份额的影响。

6.1 对外开放对技术进步的偏向性的实证检验

从前文的定性分析可知，对外开放引致了我国偏向型的技术进步，为了检验结果，从省际和行业层面估计对外开放因素对技术进步偏向的作用。建立如下回归模型：

全国层面：$D_{it} = \beta_0 + \beta_1 trade_{it} + \beta_2 FDI_{it} + \beta_3 D_{it-1} + \varepsilon_{it}$

制造业：$D_{it} = \beta_0 + \beta_1 exp_{it} + \beta_2 FDI_{it} + \beta_3 D_{it-1} + \varepsilon_{it}$

其中，D_{it} 为技术进步偏向度，通过第 3 章计算而得，$trade_{it}$ 进出口总额占 GDP

比重，FDI_{it}为外商直接投资（FDI）占 GDP 比重，省际数据来源于 1979 ~ 2014 年各省统计年鉴及国家统计局网站，为了验证上一章对我国对外开放引致的技术进步偏向的阶段性特征，即我国刘易斯拐点到来前后和我国制造业产业升级前后，对我国相对产品价格的不同影响，从而导致我国技术进步偏向的不同，本书对全国层面采用分阶段回归，即 1983 ~ 2007 年阶段和 2008 ~ 2014 年阶段。制造业细分行业数据来源于 1998 ~ 2007 年中国工业企业数据库，exp_{it}为制造业出口占 GDP 比重，由于中国工业企业数据库仅有制造业各细分行业的出口数据，没有进口数据，本书用出口占 GDP 比重作为考察制造业贸易开放的变量，ε_t为随机干扰项。

用动态面板数据模型 GMM 方法进行估计，从总体上来看，我们采用 GMM 估计方法估计出的模型参数具有有效性和一致性，模型中的解释变量整体上具有显著性。为了保证动态模型的一致性，回归模型中差分的随机误差项不能有序列相关，需要对动态面板数据模型进行序列相关检验，序列相关检验的原假设为随机误差项不存在序列相关，通常情况下，我们建立动态面板数据模型允许差分的随机误差项存在一阶序列自相关，若存在二阶序列自相关，我们认为原假设不成立，如表 6.1 所示 AR（1）的 P 值较小，原假设不成立，而 AR(2) P 值较大，接受原假设，即差分的随机误差项不存在序列相关；Sargan 统计量用于检验动态面板模型中工具变量的使用是否合理，是否存在过度识别问题，过度识别检验的原假设为工具变量有效，我们回归结果中 Sargan 检验具有较高概率 P 值，接受原假设，回归模型中工具变量选择有效，GMM 估计方法有效。估计结果如表 6.1 所示。

回归结果显示，技术进步的前一年对当年有内生影响，如前文理论分析所述，我国对外开放的确引致了一定程度的资本偏向型技术进步。同时，基于理论分析，本书分时段进行了回归，1979 ~ 2007 年，国际贸易对资本偏向型技术进步有显著的正向作用，2008 ~ 2014 年，国际贸易对资本偏向型技术进步变成显著的负向作用，即国际贸易对劳动偏向型技术进步有正向作用，有利于劳动收入份额的提高。可见，如前文理论机制所分析的，近年来我国

表 6.1 我国对外开放对技术进步偏向的实证检验结果

解释变量	被解释变量 D_t			
	全国			制造业
	1979～2007 年	2008～2014 年	1979～2014 年	1998～2007 年
$trade_{it}/exp_{it}$	0.1112 *** (0.019)	-0.5193 *** (0.000)	0.0714 *** (0.000)	-0.0159 (0.751)
FDI_{it}	1.8894 * (0.065)	6.6255 *** (0.000)	3.8732 *** (0.002)	-4.0260 *** (0.000)
D_{t-1}	0.37504 *** (0.000)	0.2177 *** (0.000)	0.3596 *** (0.000)	0.1944 *** (0.000)
$AR(1)$ 检验量	-4.347 *** (0.000)	-3.2002 ** (0.0014)	-4.2892 *** (0.000)	-2.3102 ** (0.0209)
$AR(2)$ 检验量	2.1755 ** (0.0296)	1.1416 (0.2536)	0.6042 (0.5457)	-0.1036 (0.9175)
$Sargan$ 检验量	25.0989 (1.000)	23.3135 (0.2238)	24.7131 (1.000)	7.1932 (1.000)
N	784	168	980	200

注: *** 表示在 1% 的水平上显著, ** 表示在 5% 的水平上显著, * 表示在 10% 的水平上显著; 检验量下方 ( ) 内是 P 值。

贸易规模、出口产品贸易结构及进口产品贸易结构的改变，贸易对象国的特征，加之我国人口红利消失，刘易斯拐点的到来对产品相对价格产生了不同的影响，进而对技术进步偏向产生了不同影响。从全国来看，1979～2014 年国际贸易总体上对资本偏向型技术进步有显著的作用，但其系数明显小于 1979～2007 年这一阶段。制造业的系数为负，但不显著，这从另一个侧面说明我国制造业处于转型升级的时期，如表 5.5 所示，我国出口产品由劳动密集型产品为主，转变为以资本及技术密集型产品为主，出口产品技术含量提高，向发达国家的出口逐渐提高了资本密集型产品的价格，技术进步偏向由资本偏向型过渡到劳动偏向型。

外商直接投资对资本偏向型技术进步有显著的促进作用，1979～2007 年系数为 1.8894，2008～2014 年系数明显变大为 6.6255，整个样本期间系数 3.8732，且均在 1% 水平上显著。可见，随着我国外资的大量引入，资本地位增强，其对资本偏向型技术进步的作用更加明显。制造业层面与全国有较大区别，1998～2007 年间，外商直接投资对资本偏向型技术进步有显著的负向作用，有利于劳动收入份额的提高。从表 5.16 可见，虽然外商直接投资从行业上看，在劳动密集型行业比重仍然较大，外资主要利用我国的廉价劳动力进行加工出口，如纺织服装、鞋、帽制造业及文教体育用品制造业等，但我们也观察到，从 1998～2007 年其比重不断下降，分别从 44.14% 下降到 26.36%，从 67.76% 下降到 52.88%，同时技术密集型行业的比重出现上升的趋势，如通信设备、计算机及其他电子设备制造业，其外商直接投资占比从 1998 年的 44.45% 上升到 53.14%，我国引导外商直接投资投资于技术密集型行业导向有一定的成效，再加上近年来制造业整体技术水平提高，对人力资本需求增长，导致了制造业的外商直接投资对资本偏向型技术进步产生负向作用，有利于制造业部门劳动收入份额的上升。

6.2　技术进步的偏向性对劳动收入份额影响的检验

通过前文的定性分析，我们大致观察到经济开放引致的偏向型技术进步对劳动收入份额产生重要的影响。为了检验结果，本节将对此进行实证分析。从省际及行业层面检验技术进步偏向对劳动收入份额的作用，建立如下回归模型：

$$share_t = \alpha_0 + \alpha_1 D_t + \alpha_2 share_{t-1} + \varepsilon_t$$

其中，$share_t$ 为资本—劳动相对收入份额，省际数据来源于 1979～2014 年各省统计年鉴及国家统计局网站，资本收入份额 = 1 – 劳动收入份额，劳动收入份额采用前文计算结果；制造业细分行业数据来源于 1998～2007 年中国工业企业数据库；D_t 为技术进步偏向度，通过本书上一章计算而得；ε_t 表示 t 期白噪声。估计结果如表 6.2 所示。

表 6.2 技术进步的偏向性对要素收入份额的实证检验结果

解释变量	被解释变量 $share_t$				
	全样本	东部	中部	西部	制造业细分行业
D_t	0.2438 *** (0.000)	0.2783 *** (0.000)	0.2156 *** (0.000)	0.2463 *** (0.001)	0.0650 *** (0.000)
$share_{t-1}$	0.8678 *** (0.000)	0.9973 *** (0.000)	0.7489 *** (0.000)	0.7810 * (0.069)	0.9359 *** (0.000)
$AR(1)$ 检验量	−3.5432 *** (0.0004)	−2.1315 * (0.0330)	−2.0751 * (0.0380)	−1.6078 (0.1079)	−1.9941 (0.0461)
$AR(2)$ 检验量	0.7048 (0.4809)	0.8352 (0.4036)	−0.9084 (0.3637)	0.7283 (0.4664)	0.02314 (0.9815)
$Sargan$ 检验量	26.5051 (1.0000)	8.1414 (1.0000)	8.2469 (1.0000)	6.6322 (1.0000)	23.072 (0.9220)
N	980	315	315	350	200

注：*** 表示在 1% 的水平上显著，** 表示在 5% 的水平上显著，* 表示在 10% 的水平上显著；检验量下方（）内是 P 值。

表 6.2 回归结果发现：在全国样本及东、中、西部地区，偏向型技术进步对资本相对劳动收入份额的作用在 1% 水平上显著，且东部地区系数为 0.2783，中部地区为 0.2156，西部地区为 0.2463，东部地区高于中、西部地区，表明资本偏向型技术进步降低了劳动收入份额，且东部地区的作用更加明显。制造业细分行业层面，技术进步的偏向性对资本相对劳动收入份额的作用在 1% 水平上显著，系数为 0.065，远低于全国层面的情况，说明资本偏向型技术进步强化，企业在生产过程中用更多的资本去替代劳动力，这样即使在按要素投入公平分配的前提下也会导致资本份额提高。

以上分析可见，劳动份额的前一年对当年有内生影响，技术进步的偏向性对劳动收入占比下降的解释是稳健的。同时，根据前文理论机理分析及实证检验，本书认为经济开放因素是引致偏向型技术进步重要原因。为考察经济开放引致的技术进步偏向对劳动收入份额的影响，下文利用技术进步内生化机制建立实证模型进行检验。

6.3 对外开放引致的偏向型技术进步对劳动收入份额影响的实证检验

6.3.1 实证模型的构建

由第 3 章式（3 - 18），本书假设生产函数是 CES 型生产函数，即：

$$Q_t = \left[\theta (A_t K_t)^{\frac{\sigma-1}{\sigma}} + (1-\theta)(B_t L_t)^{\frac{\sigma-1}{\sigma}} \right]^{\frac{\sigma}{\sigma-1}} \qquad (6-1)$$

式中，$\theta \in (0, 1)$ 是反映生产过程中资本和劳动两种要素配置的分配参数，$\sigma \in (0, \infty)$ 为要素替代弹性。如果 $\sigma = 1$，则生产函数就退化为 C - D 生产函数；如果 $\sigma = 0$，资本和劳动相互不可替代，则生产函数就退化为列昂惕夫（Leontief）生产函数。当 $\sigma < 1$ 时，要素是互补的，当 $\sigma > 1$，要素是替代的。

资本和劳动的相对边际产出即要素报酬之比为：

$$\frac{MP_K}{MP_L} = \frac{w_{K_t}}{w_{L_t}} = \frac{\theta}{1-\theta} \left(\frac{A_t}{B_t} \right)^{\frac{\sigma-1}{\sigma}} \left(\frac{K_t}{L_t} \right)^{-\frac{1}{\sigma}} \qquad (6-2)$$

将模型两边同乘以 K/L，可得资本和劳动收入份额之比：

$$share_{K/L} = \frac{w_{K_t} K}{w_{L_t} L} = \frac{\theta}{1-\theta} \left(\frac{A_t}{B_t} \right)^{\frac{\sigma-1}{\sigma}} \left(\frac{K}{L} \right)^{\frac{\sigma-1}{\sigma}} \qquad (6-3)$$

进一步，如第 3 章理论模型分析，为了检验经济开放因素（进口、出口、外商直接投资）引致技术基本偏向发生的明显变化，并且对劳动收入份额发挥的重大作用，利用技术内生化机制建立实证模型。对式（6-3）两边取对数，得到资本相对收入份额表达式：

$$\ln(share_{K/L}) = \ln\left(\frac{\theta}{1-\theta}\right) + \frac{\sigma-1}{\sigma}\ln\left(\frac{A_t}{B_t}\right) + \frac{\sigma-1}{\sigma}\ln\left(\frac{K}{L}\right) \qquad (6-4)$$

上式表明资本—劳动相对收入份额由要素投入比、劳均资本、技术进步方向、要素替代弹性等因素共同决定。资本密集度 θ 越高，要素相对收入份额越低；当 $\sigma < 1$，劳均资本 K/L 减少，相对收入份额增加；如果技术进步偏向资本，相对收入份额相应上升，如果技术进步偏向劳动，相对收入份额下降。

本书假设式（6-4）中的 $\ln\left(\dfrac{A_t}{B_t}\right)$ 由经济开放因素（进口、出口、外商直接投资等）、确定性时间趋势以及扰动项 ε 决定（张莉，2012）：

$$\ln\left(\frac{A_t}{B_t}\right) = \alpha_1 trend + \alpha_2 exp + \alpha_3 imp + \alpha_4 FDI + \varepsilon \qquad (6-5)$$

其中，exp、imp、FDI 是本书关心的经济开放的变量，$trend$ 是关于技术进步偏向的时间趋势效应，ε 代表其他不可观测的因素，把式（6-5）代入式（6-4），得到包括经济开放因素的均衡关系：

$$\begin{aligned}
\ln(share_{K/L}) = {} & \ln\left(\frac{\theta}{1-\theta}\right) + \frac{\sigma-1}{\sigma}\ln\left(\frac{K}{L}\right) \\
& + \frac{\sigma-1}{\sigma}\alpha_1 trend + \frac{\sigma-1}{\sigma}\alpha_2 exp + \frac{\sigma-1}{\sigma}\alpha_3 imp \\
& + \frac{\sigma-1}{\sigma}\alpha_4 FDI + \frac{\sigma-1}{\sigma}\varepsilon \qquad (6-6)
\end{aligned}$$

上式可写为更为具体的计量模型：

$$\ln(share)_{it} = \lambda_i + \gamma_t + \beta_1 exp_{it} + \beta_2 imp_{it} + \beta_3 FDI_{it} + \beta_4 \ln\left(\frac{K}{L}\right)_{it} + \varepsilon_{it}$$

$$(6-7)$$

其中，$\ln(share)_{it}$，代表资本—劳动收入份额比；$\lambda_i = \ln\left(\dfrac{\theta}{1-\theta}\right) + \dfrac{\sigma-1}{\sigma}\alpha_1 trend$，为个体效应，为不随时间变化的影响因素，如工会谈判能力等；γ_t 为时间效应，捕捉同一时间下受到的冲击，如时间趋势项；ε_{it} 为随机扰动项。通过引入面板数据的固定效应，用方程（6-7）来识别出经济开放引致的技术进步偏向对劳动收入份额产生影响的均衡效应。下文分别从全国层面、省际及区域层面及行业层面进行实证检验。

6.3.2 省际区域层面实证检验

根据前文分析，省际层面采用随机效应模型和固定效应模型估计方程（6-7）。

模型 a：

$$\ln\left(share\right)_{it} = a_0 + a_1 exp_{it} + a_2\ln\left(\frac{K}{L}\right) + \varepsilon_{it}$$

模型 b：

$$\ln\left(share\right)_{it} = a_0 + a_1 exp_{it} + a_2 imp_{it} + a_3\ln\left(\frac{K}{L}\right) + \varepsilon_{it}$$

模型 c：

$$\ln\left(share\right)_{it} = a_0 + a_1 exp_{it} + a_2 imp_{it} + a_3 FDI_{it} + a_4\ln\left(\frac{K}{L}\right) + \varepsilon_{it}$$

6.3.2.1 样本描述与变量定义

全国及省际层面的样本包括全国 1978~2014 年的经济发展数据，主要变量描述如表 6.3 所示。

表 6.3 　　　　　　　　　　省际层面变量定义与统计描述

变量名	变量定义	数据来源	28 个省份			
			样本量	均值（标准差）	最大值	最小值
$\ln\left(share\right)$	资本—劳动收入份额的自然对数	新中国 60 年资料汇编、国家统计局网站	896	-0.3325（0.3712）	0.8140	-2.0276

续表

变量名	变量定义	数据来源	28 个省份			
			样本量	均值 （标准差）	最大值	最小值
exp	出口额占国内生产总值的比重	1983～2014 年历年各省份统计年鉴，国家统计局网站	896	0.1462 (0.1869)	1.7823	0.0036
imp	进口额占国内生产总值的比重	1983～2014 年历年各省份统计年鉴，国家统计局网站	896	0.1423 (0.3166)	3.2593	0.0000
FDI	外商直接投资额占国内生产总值的比重	1983～2014 年历年各省份统计年鉴，国家统计局网站	896	0.0237 (0.0290)	0.1946	0.0000
$\ln(K/L)$	人均资本的自然对数	历年各省份统计年鉴、中国劳动统计年鉴	896	-0.1547 (1.2281)	3.5086	-2.9698

$\ln(share)$ 为资本—劳动相对收入份额的对数值。资本—劳动相对收入份额等于（1 - 劳动收入份额)/劳动收入份额的值。其中数据来源于 1978～2014 历年各省统计年鉴。

exp、imp、FDI 度量经济开放因素，exp 表示出口额占 GDP 的比重；imp 表示进口额占 GDP 的比重；FDI 表示外商直接投资占 GDP 的比重；数据来源于数据来源于 1978～2014 历年各省统计年鉴，国家统计局网站。

$\ln\left(\dfrac{K}{L}\right)$ 为劳均资本的对数。资本存量根据永继盘存法计算得到，以 1978 年为基期。数据来源于 1978～2014 历年各省统计年鉴；就业量 L 来源于 1978～2014 历年各省劳动统计年鉴；全国就业人员 1990 年及以后的数据根据劳动力调查、人口普查推算，2001 年及以后数据根据第六次人口普查数据重新修订。

ε_{it} 表示随机扰动项。

本书选取全国（不含港澳台）28 个省份的经济发展数据，由于海南 1978～1985 年数据缺失严重，西藏进出口和 FDI 数据严重缺失，为剔除奇异

值对整体样本估计结果的影响舍弃这两个省份的数据，重庆归入四川省进行
考察，将其他 28 个地区分为东、中、西部地区三个部分进行考察。划分标准
同第 5 章，地区进出口和外商直接投资数据来自历年《中国统计年鉴》和各
省统计年鉴，缺失值以零计。

6.3.2.2　回归结果分析

面板数据回归有随机效应回归和固定效应回归，随机效应模型假设个体
不可观测的特征与解释变量不相关；固定效应模型则认为其存在相关性。考
虑到内生性问题，进行了豪斯曼（Hausman）检验，并辨别用面板数据回归
时是采用随机效应还是固定效应。根据方程（6-7），对面板模型进行随机
效应与固定效应回归，分别对全样本、东部、中部、西部进行逐步回归分析，
估计结果如表 6.4 至表 6.7 所示。根据回归结果显示，RE 是采用随机效应模
型估计的结果，FE 是经过自相关调整后的固定效应模型。全样本与东部地区
的豪斯曼检验结果表示拒绝原假设，固定效应模型优于随机效应模型，即在
固定效应模型中非观测效应与解释变量的估计系数是无偏的，而在随机效应
模型中却是有偏的。全样本与东部地区固定效应由于随机效应模型，同样中、
西部地区采用随机效应模型。

表 6.4　　　　　　　　　　　　　**全国层面回归结果**

解释变量	被解释变量 ln(*share*)					
	FE			RE		
	模型 a	模型 b	模型 c	模型 a	模型 b	模型 c
exp	0.3748 *** (4.60)	0.2616 *** (2.84)	0.3216 *** (3.49)	0.3928 *** (5.09)	0.2766 *** (3.11)	0.3433 *** (3.84)
imp	—	0.1626 *** (2.58)	0.1721 *** (2.76)	—	0.1527 *** (2.59)	0.1607 *** (2.75)
FDI	—	—	-1.7859 *** (-4.60)	—	—	-1.6945 *** (-4.40)

解释变量	被解释变量 ln(*share*)					
	FE			RE		
	模型 a	模型 b	模型 c	模型 a	模型 b	模型 c
ln(*K/L*)	0.1042 *** (12.90)	0.1043 *** (12.96)	0.1129 *** (13.81)	0.1065 *** (13.26)	0.1062 *** (13.27)	0.1141 *** (14.04)
F 或 Wald	112.45 *** [0.000]	77.68 *** [0.000]	64.91 *** [0.000]	247.32 *** [0.000]	255.22 *** [0.000]	279.39 *** [0.000]
Hausman	7.55 ** [0.023]	8.15 ** [0.0429]	14.55 *** [0.0057]	7.55 ** [0.023]	8.15 ** [0.0429]	14.55 *** [0.0057]
R^2	0.2062	0.2122	0.2311	0.2062	0.2122	0.2309
N	896	896	896	896	896	896

注：*** 表示在 1% 的水平上显著、** 表示在 5% 的水平上显著、* 表示在 10% 的水平上显著；检验量下方（）内是 t 值、[ ] 内是 P 值。

表 6.5   东部地区回归结果

解释变量	被解释变量 ln(*share*)					
	FE			RE		
	模型 a	模型 b	模型 c	模型 a	模型 b	模型 c
exp	0.4288 *** (4.65)	0.5758 *** (5.37)	0.4510 *** (4.50)	0.3796 *** (4.06)	0.3925 *** (3.58)	0.3483 *** (3.48)
imp	—	0.1610 *** (−2.63)	0.1345 ** (2.08)	—	−0.0602 (−1.02)	0.1153 ** (2.07)
FDI	—	—	−1.2504 *** (−2.83)	—	—	−1.3207 *** (−2.82)
ln(*K/L*)	−0.0093 (−0.67)	−0.0083 (−0.61)	0.0192 (1.36)	0.0034 (0.24)	0.0162 (1.09)	0.0383 *** (2.60)
F 或 Wald	12.26 *** [0.000]	10.63 *** [0.000]	13.63 *** [0.000]	22.49 *** [0.000]	22.88 *** [0.000]	48.97 *** [0.000]
Hausman	−15.55	23.01 *** [0.000]	107.80 *** [0.000]	−15.55	23.01 *** [0.000]	107.80 *** [0.000]

续表

解释变量	被解释变量 ln(*share*)					
	FE			RE		
	模型 a	模型 b	模型 c	模型 a	模型 b	模型 c
R^2	0.0708	0.0904	0.1655	0.0683	0.0730	0.1566
N	333	333	333	333	333	333

注：*** 表示在 1% 的水平上显著、** 表示在 5% 的水平上显著、* 表示在 10% 的水平上显著；检验量下方（）内是 t 值、[ ] 内是 P 值。

表 6.6　　　　　　　　　　　　　中部地区回归结果

解释变量	被解释变量 ln(*share*)					
	FE			RE		
	模型 a	模型 b	模型 c	模型 a	模型 b	模型 c
exp	1.8776 *** (3.78)	2.4766 *** (5.17)	3.2228 *** (5.95)	2.0409 *** (4.60)	2.7456 *** (6.15)	3.4010 *** (7.00)
imp	—	−3.7894 *** (−6.22)	−1.0057 (−1.32)	—	−3.6809 *** (−6.11)	−0.8901 (−1.20)
FDI	—	—	−5.9050 *** (−4.65)	—	—	−6.1879 *** (−4.93)
ln(*K/L*)	0.1436 *** (10.94)	0.2120 *** (12.79)	0.2285 *** (13.03)	0.1451 *** (11.16)	0.2097 *** (12.88)	0.2304 *** (13.49)
F 或 Wald	85.04 *** [0.000]	76.24 *** [0.000]	59.03 *** [0.000]	180.4 *** [0.000]	236.06 *** [0.000]	253.4 *** [0.000]
Hausman	−12.56	−2.57	4.18 [0.3822]	−12.56	−2.57	4.18 [0.3822]
R^2	0.3456	0.4161	0.4620	0.3455	0.4154	0.4618
N	333	333	333	333	333	333

注：*** 表示在 1% 的水平上显著、** 表示在 5% 的水平上显著、* 表示在 10% 的水平上显著；检验量下方（）内是 t 值、[ ] 内是 P 值。

表 6.7　　　　　　　　　　　　　　西部地区回归结果

解释变量	被解释变量 ln(share)					
	FE			RE		
	模型 a	模型 b	模型 c	模型 a	模型 b	模型 c
exp	0.0926 (0.27)	0.0031 (0.01)	−0.0286 (−0.07)	0.0843 (0.25)	−0.0108 (−0.03)	−0.0539 (−0.13)
imp	—	0.4952 (0.69)	0.3180 (0.40)	—	0.5221 (0.74)	0.3323 (0.43)
FDI	—	—	0.1775 (0.14)	—	—	0.2659 (0.21)
$\ln(K/L)$	0.1415 *** (13.28)	0.1364 *** (10.46)	0.1377 *** (9.98)	0.14125 *** (13.41)	0.1359 *** (10.59)	0.1371 *** (10.11)
F 或 Wald	107.87 *** [0.000]	71.97 *** [0.000]	39.53 *** [0.000]	218.42 *** [0.000]	219.03 *** [0.000]	161.18 *** [0.000]
Hausman	0.16 [0.9244]	0.16 [0.9843]	0.3 [0.99]	0.16 [0.9244]	0.16 [0.9843]	0.3 [0.99]
R^2	0.3760	0.3769	0.3407	0.3760	0.3769	0.3407
N	370	370	370	370	370	370

注：*** 表示在 1% 的水平上显著、** 表示在 5% 的水平上显著、* 表示在 10% 的水平上显著；检验量下方（）内是 t 值、[ ] 内是 P 值。

通过对我国 28 个省份 1983 ~ 2014 年的面板数据进行回归，我们考察对外开放因素对收入份额及技术进步偏向的影响。从模型 a 看，全国层面和东、中部地区出口占比对资本—劳动相对收入份额有显著的正向作用，对外开放引致的技术进步的偏向性对劳动收入份额产生负面的作用。西部地区符号为正但不显著，由于对外开放的活跃程度不高，西部地区出口占比对劳动收入份额作用不明显。从表 6.4 至表 6.7 来看各层面逐步回归结果可见经济开放引致的偏向型技术进步对劳动收入份额的作用结果稳健。根据全国层面及东、中、西部地区回归模型 c，即对外开放因素——进口、出口及外商直接投资对技术进步偏向性的实证模型，从全国层面来看，进口、出口对资本相对收入份额在 1% 的水平上显著为正，出口占比增加 1%，导致资本相对收入份额增加 0.3216%，进口占比增加 1%，导致资本相对收入份额增加 0.1721%。可见，我国对外贸易的发展会使技术进步偏向资本进而对劳动收入份额产生负向的作用，我们的假设成立。

外商直接投资的系数为负值，也通过了显著水平为 1% 的检验，外商直接投资的引入对我国劳动收入份额产生了正向的作用。德克瑞斯和马雷克（Decreuse & Maarek，2008）构建了一个劳动力市场存在摩擦的模型来分析外商直接投资对东道国劳动收入份额的影响，他们的研究表明：由于外资企业的劳动生产率比较高，外商直接投资对劳动收入份额存在两种相反方向的作用，一种是比照内资企业支付工资产生的负向作用，另一种是为了与内资企业竞争劳动力而提高工资导致的正向作用。这两种作用在外资进入所在国规模的不同水平上所发挥的作用是不同的。当外资进入规模比较有限的时候，其所需要的劳动力人数也十分有限，很难与内资企业形成对劳动力的竞争性需求。反倒是在所在国存在大量剩余劳动力的情况下很容易以当地企业的工资水平获得劳动力，这时外资对劳动份额的负面作用就占主导地位。当外资进入规模增长到一定水平，对劳动力的需求逐步增加时，就可能同内资企业形成对劳动力的竞争性需求关系，为了获得足够的劳动力，外资企业就会提高工资（直到使用资本替代劳动力更加便宜为止），这对总体劳动份额具有正向作用，当正向作用的力度超过负向作用时，外资的进入就会提高劳动份额。

前述回归结果表明我国外资对劳动收入份额起到促进作用。这是"负的技术租金效应"，以及随着我国大量引进外商直接投资产生的"正的工资竞争效应"的共同作用的结果。一方面，在对东道国技术进步的研究上，现有大量文献认为外商直接投资是一个重要的影响因素，外商直接投资是技术进步偏向发生的重要原因。我国引进外商直接投资的导向是技术引进，希望把外资企业的先进技术和管理经验引入中国。但事实上，较长一段时间以来，外商直接投资主要投向于资本及技术密集型行业比重较低，虽然近年来有所上升，但主要还是集中于工业部门的劳动密集型产业（从表 5.16 可见），利润驱动下，外资企业往往引进先进的设备和流动性充足的资本，雇用当地非熟练劳动力进行生产加工，很少培训非熟练劳动力变成熟练劳动力，带来的技术进步在很大程度上属于资本偏向型技术进步。这一点从上一节全国层面对外开放对技术进步偏向的回归结果得到证实。另一方面，随着我国不断引进外商直接投资，产生"正的工资竞争效应"比较明显，我国外商直接投资的进入规模达到了一定水平，内外资企业的竞争性劳动力需求导致外资企业工资水平高于内资企业，这一点从表6.8中数据可以得到证实。从表6.8可以看到至少从21世纪以来我国外资企业的人均工资水平确实高于内资企业，对总体劳动收入份额具有正面促进作用。

表6.8　　　　　　　　　不同所有制单位平均工资情况　　　　　　　　单位：元

年份	城镇单位	国有单位	城镇集体单位	股份合作单位	联营单位	有限责任公司	股份有限公司	其他单位	港、澳、台商投资单位	外商投资单位
2000	9333	9441	6241	7479	10608	9750	11105	9888	12210	15692
2001	10834	11045	6851	8446	11882	11024	12333	11888	12959	17553
2002	12373	12701	7636	9498	12438	11994	13815	10444	14197	19409
2003	13969	14358	8627	10558	13556	13358	15738	10670	15155	21016
2004	15920	16445	9723	11710	15218	15103	18136	10211	16237	22250
2005	18200	18978	11176	13808	17476	17010	20272	11230	17833	23625
2006	20856	21706	12866	15190	19883	19366	24383	13262	19678	26552
2007	24721	26100	15444	17613	23746	22343	28587	16280	22593	29594
2008	28898	30287	18103	21497	27576	26198	34026	19591	26083	34250
2009	32244	34130	20607	25020	29474	28692	38417	21633	28090	37101
2010	36539	38359	24010	30271	33939	32799	44118	25253	31983	41739
2011	41799	43483	28791	36740	36142	37611	49978	29961	38341	48869
2012	46769	48357	33784	43433	42083	41860	56254	34694	44103	55888
2013	51483	52657	38905	48657	43973	46718	61145	38306	49961	63171
2014	56360	57296	42742	54806	49078	50942	67421	42224	55935	69826

资料来源：国家统计局网站。

　　但是对比前文可以发现我国外资总体进入规模其实十分有限，其就业需求远未达到能够和内资企业竞争劳动力的水平，按理说应该可以不用支付高于内资企业的工资水平。但是前文还有另外一个发现：我国的外资主要集中于工业部门，特别是制造业部门，这样工业部门的外商直接投资占比就大大高于全国平均水平，有可能形成与内资工业企业竞争劳动力的状况。从前文表5.16可以看到，我国制造业的外资进入确实达到了一定水平，至少远高于全国各行业总体水平（数据显示各省份的总体水平普遍低于1%），除了少数行业的占比依旧不足10%外，其他行业外资均达到了较高的进入规模，可以与内资企业形成劳动力的竞争性需求，进而提高工资，带动总体劳动收入份额上升。制造业外资企业和内资企业的人均工资对比可以从另一个角度证明这一点，具体如表6.9所示。

表 6.9　　　　　　　　　　制造业内资企业和外资企业人均工资　　　　　　　单位：千元

行业	年份	外资企业人均工资	内资企业人均工资	工资比	行业	年份	外资企业人均工资	内资企业人均工资	工资比
电气机械及器材制造业	1998	17.58	37.46	0.47	食品制造业	1998	18.86	10.16	1.86
	2002	23.10	15.50	1.49		2002	24.82	14.16	1.75
	2007	42.18	31.99	1.32		2007	49.66	34.18	1.45
纺织服装、鞋、帽制造业	1998	15.36	23.22	0.66	塑料制品业	1998	17.98	25.21	0.71
	2002	14.62	13.57	1.08		2002	18.99	13.39	1.42
	2007	25.80	20.52	1.26		2007	31.54	22.85	1.38
纺织业	1998	16.96	66.88	0.25	通信设备、计算机及其他电子设备制造业	1998	23.34	37.10	0.63
	2002	18.09	10.31	1.75		2002	36.12	24.47	1.48
	2007	30.41	19.93	1.53		2007	54.70	35.90	1.52
非金属矿物制品业	1998	15.85	27.77	0.57	通用设备制造业	1998	22.23	31.17	0.71
	2002	19.49	9.52	2.05		2002	26.78	10.88	2.46
	2007	35.32	18.91	1.87		2007	46.96	25.64	1.83

续表

行业	年份	外资企业人均工资	内资企业人均工资	工资比	行业	年份	外资企业人均工资	内资企业人均工资	工资比
工艺品及其他制造业	1998	15.85	30.67	0.52	文教体育用品制造业	1998	12.95	24.47	0.53
	2002	15.13	11.03	1.37		2002	14.12	12.26	1.15
	2007	25.45	19.56	1.30		2007	23.54	19.05	1.24
黑色金属冶炼及压延加工业	1998	29.05	22.56	1.29	橡胶制品业	1998	15.92	33.57	0.47
	2002	29.56	15.22	1.94		2002	19.35	11.23	1.72
	2007	71.03	44.85	1.58		2007	32.78	21.50	1.52
化学纤维制造业	1998	13.05	32.41	0.40	烟草制品业	1998	41.78	16.77	2.49
	2002	29.58	16.65	1.78		2002	51.63	26.91	1.92
	2007	58.05	27.40	2.12		2007	45.10	56.38	0.80
化学原料及化学制品制造业	1998	23.86	55.74	0.43	医药制造业	1998	22.18	32.91	0.67
	2002	36.80	11.59	3.17		2002	37.16	16.47	2.26
	2007	93.56	28.18	3.32		2007	59.81	28.90	2.07
家具制造业	1998	16.92	24.34	0.69	仪器仪表及文化、办公用机械制造业	1998	29.99	43.16	0.69
	2002	18.69	13.08	1.43		2002	26.07	11.55	2.26
	2007	29.45	22.47	1.31		2007	49.04	25.56	1.92
交通运输设备制造业	1998	17.86	32.78	0.54	饮料制造业	1998	21.00	9.09	2.31
	2002	26.02	14.46	1.80		2002	24.44	12.57	1.94
	2007	47.19	32.69	1.44		2007	55.64	31.74	1.75
金属制品业	1998	21.03	42.24	0.50	印刷业和记录媒介的复制	1998	16.86	25.02	0.67
	2002	23.31	13.49	1.73		2002	18.68	11.53	1.62
	2007	38.57	25.60	1.51		2007	34.21	22.08	1.55
木材加工及木、竹、藤、棕、草制品业	1998	11.77	23.43	0.50	有色金属冶炼及压延加工业	1998	16.82	50.68	0.33
	2002	23.41	10.46	2.24		2002	29.55	15.14	1.95
	2007	32.76	20.03	1.64		2007	67.28	32.35	2.08

续表

行业	年份	外资企业人均工资	内资企业人均工资	工资比	行业	年份	外资企业人均工资	内资企业人均工资	工资比
农副食品加工业	1998	22.89	11.61	1.97	造纸及纸制品业	1998	16.06	25.80	0.62
	2002	28.89	18.21	1.59		2002	24.27	10.38	2.34
	2007	48.15	45.54	1.06		2007	37.48	21.31	1.76
皮革、毛皮、羽毛（绒）及其制品业	1998	15.43	23.68	0.65	专用设备制造业	1998	21.87	30.36	0.72
	2002	16.70	12.87	1.30		2002	24.63	10.05	2.45
	2007	25.25	21.35	1.18		2007	44.56	27.01	1.65
石油加工、炼焦及核燃料加工业	1998	14.02	22.40	0.63	食品制造业	1998	18.86	10.16	1.86
	2002	28.42	17.48	1.63		2002	24.82	14.16	1.75
	2007	66.70	50.27	1.33		2007	49.66	34.18	1.45

资料来源：中国工业企业数据库。

由于现实中外商独资企业和纯粹的内资企业很少，这里的外资企业实际上是外商控股企业，即外资在企业资本中所占比重最高的企业。表6.9显示的数据表明大多数制造业行业在2000年前外资企业的人均工资均低于内资企业，而2000年后则高于内资企业。这基本上符合前文的分析，在2000年以后劳动力竞争性需求确实促进了外资企业工资的迅速增长，进而促进了劳动收入份额的提高。所不同的是2000年前外资企业人均工资并没有如前文所述那样和内资企业接近，而是远低于内资企业。这一方面是由于我国长期对外资企业执行的超国民待遇，另一方面则是外资企业进入我国也经历了一个由劳动密集型向资本密集型的调整过程，数据显示2000年前同一制造业行业外资企业的人均产出和人均工资一样都低于内资企业，在2000年后迅速超越后者，在产出水平较低的条件下，为了保证外资企业获得足够利润，一方面是国家对外资企业征收低于内资企业的税赋，另一方面就是压低工资，所以2000年前外资企业工资水平低于内资企业也属正常。

分区域东、中、西部地区检验结果与全国有一定区别，东部地区出口对资本相对劳动收入份额在 1% 水平上显著，出口占比每增加 1%，会导致资本相对收入份额增加 0.451%，进口占比每增加 1%，会导致资本相对收入份额增加 0.1345%。中部地区出口对相对份额的影响更加明显，出口占比每增加 1%，会导致资本相对收入份额增加 3.401%，而进口对相对收入份额影响为负，但不显著。西部地区进出口对相对收入份额影响都不显著。可见，经济开放对东部地区影响最大，主要原因是我国的对外贸易主要集中于东部地区，东部地区庞大的进出口流量自然也就会产生比中、西部地区大得多的总体影响。中部地区出口贸易对劳动收入份额的影响更加明显，主要是由中部地区的产业结构与出口结构决定，中部地区工业产出占总产出的比重最高，农业和第三产业都没有东部地区发达，那么工业产品自然就成为出口的主打产品，这意味着中部地区出口的劳动密集型产品比重比其他地区都高。因此，尽管中部地区出口总量无法与东部地区相提并论，但是单位出口量对劳动收入份额的抑制作用却要强于东部地区。中部地区进口量有限，因此其影响相应很小。而西部地区由于经济发展总体水平十分落后，贸易规模极为有限，因此贸易对西部地区劳动收入份额的影响更加有限。总的来说，国际贸易的发展会通过技术进步偏向资本对东部地区劳动收入份额产生负向的作用；中部地区次之，西部地区最弱。

外商直接投资的分区域检验来看，东、中部地区外商直接投资的影响与全国类似，系数为负，且通过了显著水平为 1% 的检验，西部地区外商直接投资的系数为正，但不显著，这与我国的实际利用外资情况有关。我国东部和中部地区的投资环境比较有利，因此外资的进入主要集中于这两个地区，尤其是东部地区。而从行业视角看，外资目前又都集中于工业部门，正如前文所述，在许多行业，外资占资本总额的比重达到了比较高的水平，外资企业与内资企业之间对劳动力的竞争性需求格局促使外资企业增加工资以吸引劳动力进入，这有助于劳动收入份额的提高，特别是中部地区外资的影响更加明显，说明中部地区外资企业与内资企业的工资水平差距更大。西部地区的情况则正好相反，虽然在西部大开发战略下，西部地区几年来实际利用外资比例有所上升，但与东中部地区相比仍然较小，到 2014 年，东部地区实际利用外资占 GDP 比重为 52.57%，中部地区为 34.52%，而西部地区仅有 12.91%。从利用外资的流量差距就可以看出西部地区外资占资本总额的水平要远远低于东部地区和中部地区，这样西部地区外资所带动的就业需求就很少，外资企业完全可以以接近于内资企业的工资获得足够劳动力。甚至于，考虑到西部地区农业占国民经济的比重仍然比较高的事实，西部地区剩余劳动力仍然比较多，外资企业有可能以低于内资企业的工资水平吸引这些剩余劳动力就业。

此外，人均资本全国及东、中、西部的检验系数均为正，且除东部外通过了显著水平为 1% 的检验，可见，人均资本投入增加使技术进步更偏向于资本，说明资本深化对劳动收入份额有显著负向影响，与国际贸易作用类似，资本深化使技术进步偏向于资本且最终降低了劳动分配份额。东部地区人均资本对劳动收入份额的影响之所以相对比较小，主要是由于东部地区经济发展水平比较高，其产业结构也相应进入了比较高级的发展阶段：农业占国民经济的比重下降到极低的水平，工业比重在达到最高水平之后开始下降，第三产业比重超过工业并进一步增加。在工业比重下降的条件下，服务于工业生产的第三产业的比重也必然随之下降，与此同时随着经济不断发展，居民收入水平不断增加，生活服务业占比不断上升，生活服务业总体上是劳动密集型产业，有利于劳动收入份额的提高，从而降低工业对劳动收入份额的负面作用。同时，尽管东部地区的人均资本水平在全国最高，但同时东部地区的人力资本水平同样是最高的，无论人力资本进入何种行业，都要求获得比简单劳动更高的收入，这种收入属于劳动报酬。因此考虑人力资本因素和产业结构因素，东部地区劳动力和资本对产出的贡献相比中、西部地区更加平衡，因此其人均资本的提高对劳动收入份额的负面效应比较低。中、西部地区人均资本对劳动收入份额的影响高于东部地区主要就是因为这两个因素，从产业结构角度，中、西部地区工业比重更高，整个经济的资本密集型特征更明显。从人力资本角度看，中、西部地区人力资本远少于东部地区，这就导致了劳动力与资本在生产过程中的地位不平衡。中部地区人均资本的影响高于西部地区则是因为中部地区资本密集型产业比重大大高于西部地区，而人力资本并没有明显高于西部地区，导致资本对于产出的贡献更大。

6.3.2.3 进一步讨论

为检验以上结果是否稳健，下面引入其他文献中常用的解释要素收入份额变化的因素来进行分析。

（1）产业结构。

考虑到改革开放以来我国经济发展过程的一些特有情况，根据本书理论分析推论，我国工业化战略会改变技术进步的偏向，进而影响劳动收入份额，因此为检验以上结果，下面引入产业结构进行分析。

加入我国产业结构的因素进行考察，下文将作为新的解释变量加入回归模型，即：

$$\ln(share)_{it} = a_0 + a_1 exp_{it} + a_2 imp_{it} + a_3 FDI_{it} + a_4 \ln\left(\frac{K}{L}\right) + a_5 ind_{it} + \varepsilon_{it}$$

其中，ind_{it} 表示工业占 GDP 的比重，数据来源于国家统计局网站，以及 1983 ~ 2014 年各省的统计年鉴。

根据以上回归模型，对面板模型进行随机效应与固定效应回归，同样分别对全样本、东部、中部、西部进行回归分析，估计结果如表 6.10 所示。根据回归结果显示，加入产业结构后，根据豪斯曼检验结果，全样本与东部地区固定效应由于随机效应模型，中、西部地区接受随机效应模型。

表 6.10　　　　　　　　　　加入产业结构因素后的实证检验结果

解释变量	被解释变量 ln(share)			
	全样本（FE）	东部（FE）	中部（RE）	西部（RE）
exp	0.2228 *** (2.78)	0.2233 *** (3.13)	2.4148 *** (5.01)	− 0.1267 (− 0.31)
imp	0.0697 (1.28)	0.0239 (0.52)	0.5230 (0.71)	0.6561 (0.84)

解释变量	被解释变量 ln(*share*)			
	全样本（FE）	东部（FE）	中部（RE）	西部（RE）
FDI	-0.8693 *** (-2.55)	-0.2753 (-0.88)	-5.8841 *** (-4.93)	-0.0827 (-0.07)
ln(*K/L*)	0.0778 *** (10.52)	0.0453 *** (4.55)	0.1652 *** (8.33)	0.1117 *** (6.62)
ind	2.2935 *** (16.86)	2.8245 *** (17.01)	1.7978 *** (5.76)	0.7266 ** (2.49)
F 或 Wald	125.82 *** [0.000]	80.2 *** [0.000]	320.38 *** [0.000]	169.83 *** [0.000]
Hausman	14.38 ** [0.0134]	91.60 *** [0.000]	1.35 [0.93]	0.81 [0.9767]
R^2	0.4216	0.5941	0.5070	0.3519
N	1036	333	333	370

注：*** 表示在1%的水平上显著、** 表示在5%的水平上显著、* 表示在10%的水平上显著；检验量下方（）内是t值、［］内是P值。

如表6.10所示，控制产业结构因素后，全国层面的出口、进口对资本—劳动相对收入份额的影响仍然为正，出口的系数由0.3216变为0.2228，进口的系数由0.1721变为0.0697，都有所下降。同时，我们也做了分区域东、中、西部地区的考察，得到的结果和稳健性一致（如表6.5至表6.7所示）。控制了产业结构因素后，经济开放引致的偏向型技术进步对劳动收入份额的影响结果稳健。

从产业结构来看，工业占比的增加对劳动收入份额有较强的负面作用，且东、中部地区作用明显大于西部地区。这与我国的工业化进程区域不平衡有关，西部地区明显落后于东、中部地区。

工业对劳动收入份额的负面作用不仅源于工业本身的劳动收入份额低于农业和第三产业，同时也因为工业的劳动收入份额在三次产业中是下降最快的。其原因就在于工业部门是所有产业中资本密集度最高，同时也是资本偏向性技术进步体现得最明显的产业。虽然前文的结果表明外资的引入对工业部门的劳动收入份额有积极影响，但那是同时期同行业进行比较的结果。对于不同时间段的工业企业，不管是内资企业还是外资企业，其劳动收入份额都在下降，只是外资企业的工资水平近年要高于内资企业。所以工业对总体劳动收入份额具有负面作用和外资的引入对劳动收入份额有积极作用并不冲突。这也与我国大部分学者的研究结果一致，例如，李稻葵等（2009）、白重恩和钱震杰（2010）、龚刚和杨光（2010）等研究均发现，经济由劳动收入份额较高的农业部门向劳动收入份额较低的非农部门的转型是导致我国劳动收入份额下降的重要原因。从回归结果的比较看，东部地区工业对劳动收入份额的负面作用最明显，其原因是东部地区工业部门劳动收入份额不仅在全国工业部门是最低的，而且下降也是最快的，与作为主体产业的第三产业之间的差距也最大。

（2）政府管制。

哈里森（Harrison，2002）还引入了政府支出占 GDP 的比例作为控制变量，因此本书的模型中也引入政府支出占 GDP 的比重（zf）作为控制变量，数据来源为历年《中国统计年鉴》。

表 6.11 回归结果显示，全国层面及西部地区政府管制对资本相对劳动收入份额有负向作用，但不显著。政府因素对劳动份额的影响是多方面的，在政府金融约束下，我国资本市场上，大型国有企业优先获得贷款，且利率较低，这会推动他们使用资本密集型技术，减少对劳动力的需求，从而影响劳动收入份额。阿齐兹和崔（Aziz & Cui）认为我国中小企业融资困难，使得他们雇用劳动力的数量减少，因为他们仍需大量的固定资产投资，只能通过挤占一部分流动资本来实现，工资就属于流动资本，所以就业量减少，但对劳动收入份额的影响并不确定。另外，东部地区及中部地区有显著的负向作用，说明其政府因素有利于劳动收入份额的提升。这与政府出台的相关的就业政策和福利制度有关，政府因素在提高劳动收入份额方面有一定的作用。

表 6.11　　　　　　　　加入政府因素后的实证检验结果

解释变量	被解释变量 ln(share)			
	全样本（FE）	东部（FE）	中部（FE）	西部（FE）
exp	0.2111 *** （2.63）	0.23011 *** （3.28）	2.6258 *** （4.92）	-0.1027 （-0.24）
imp	0.0769 （1.41）	0.0804 * （1.67）	0.7464 （0.95）	0.6052 （0.75）
FDI	-1.0304 *** （-2.91）	-1.1924 *** （-2.85）	-6.9637 *** （-5.48）	-0.2183 （-0.17）
ind	2.2968 *** （16.90）	2.3772 *** （11.12）	1.8795 *** （5.52）	0.6841 ** （2.30）
zf	-0.2960 * （-1.65）	-2.1309 *** （-3.24）	-1.58614 *** （-2.87）	-0.0423 （0.842）
ln(K/L)	0.0869 *** （9.41）	0.0744 *** （5.6）	0.2106 *** （8.11）	0.1156 *** （5.61）
F 或 Wald	105.51 *** [0.000]	70.9 *** [0.000]	49.62 *** [0.000]	27.52 *** [0.000]
Hausman	23.56 *** [0.0006]	467.70 *** [0.000]	20.91 *** [0.0019]	-2.42
R^2	0.4234	0.6091	0.5217	0.3520
N	1036	333	333	370

注：*** 表示在1%的水平上显著、** 表示在5%的水平上显著、* 表示在10%的水平上显著；检验量下方（）内是 t 值、[ ] 内是 P 值。

从以上回归结果可以看出，从五个模型的估计结果来看，无论选用哪些指标，进口与劳动收入份额呈负相关关系，出口指标的估计结果始终为负，并且在1%的显著性水平下通过检验。外商直接投资对劳动收入份额有正向的作用。对外开放引致的偏向型技术进步对劳动收入份额的影响结果稳健。

6.3.3 制造业行业实证检验

行业层面，我们用受经济开放影响最大的制造业为例进行分析，26 个制造业细分行业数据来源于 1998～2007 年的工业企业数据库，我们用固定效应模型和随机效应模型方法进行估计。

根据前文分析，构建用于制造业细分行业层面的实证模型，由于中国工业企业数据库缺少进口值，我们仅用出口占比，外商直接投资（FDI）占比代表经济开放因素，实际回归模型为：

$$\ln(share)_{it} = a_0 + a_1 exp_{it} + a_2 FDI_{it} + a_3 \ln\left(\frac{K}{L}\right)_{it} + \varepsilon_{it}$$

6.3.3.1 样本描述与变量定义

行业层面的样本包括制造业各细分行业 1998～2007 年的经济发展数据。主要变量描述如表 6.12 所示。

表 6.12 制造业层面变量定义与统计描述

变量名	变量定义	来源	27 个制造业细分行业			
			样本量	均值（标准差）	最大值	最小值
$\ln(share)$	资本—劳动收入份额的自然对数	中国工业企业数据库	243	0.3691 (0.4140)	1.6516	−0.5219
exp	出口额占国内生产总值的比重		243	0.7529 (0.7072)	3.2982	0.0084
FDI	外商直接投资额占国内生产总值的比重		243	0.3207 (0.1601)	0.7122	0.0005
$\ln(K/L)$	人均资本的自然对数		243	0.7349 (0.6686)	2.2663	−0.7174

ln($share$) 为资本—劳动相对收入份额的对数值。资本—劳动相对收入份额等于（1 - 劳动收入份额）/劳动收入份额的值。数据来源于中国工业企业数据库。

exp、FDI 度量经济开放因素，exp 表示出口额占各行业 GDP 的比重；FDI 表示外商直接投资占各行业 GDP 的比重。数据来源于中国工业企业数据库。（由于制造业行业及细分行业进口数据缺失，略去变量 imp，仅用 exp、FDI 度量经济开放的因素）。

$ln\left(\dfrac{K}{L}\right)$ 为劳均资本的对数。资本存量、就业量 L 的数据来源于中国工业企业数据库。

6.3.3.2 回归结果分析

回归结果如表 6.13 所示，根据回归结果显示，RE 是采用随机效应模型估计的结果，FE 是经过自相关调整后的固定效应模型。豪斯曼检验结果表示应采用固定效应模型。

表 6.13　　　　　　　　　　　制造业细分行业回归结果（1）

解释变量	被解释变量	
	FE	RE
exp	− 0. 1141 *** (− 3. 41)	− 0. 0091 (0. 04)
FDI	− 0. 7096 *** (− 5. 53)	− 0. 5850 *** (− 4. 09)
ln(K/L)	0. 8615 *** (15. 37)	0. 6802 *** (14. 45)
F 或 Wald	173. 72 *** [0. 000]	488. 44 *** [0. 000]
Hausman	264. 17 *** [0. 000]	

续表

解释 变量	被解释变量	
	FE	RE
R^2	0.6847	0.3519
N	270	270

注: *** 表示在 1% 的水平上显著、** 表示在 5% 的水平上显著、* 表示在 10% 的水平上显著; 检验量下方 ( ) 内是 t 值、[ ] 内是 P 值。

　　从表 6.13 可以看到, 1998 ~ 2007 年间我国制造业出口对劳动收入份额具有积极作用, 这与全国层面改革以来的总体情况存在明显差异。其他结果比较一致, 外资的引入对制造业劳动收入份额具有积极作用, 人均资本的提高则具有负面作用。

　　近年我国制造业出口对劳动收入份额的积极作用源于出口企业技术水平的提升和出口产品的升级, 对比表 5.5 可以发现近年我国出口增长最快的是资本及技术密集型产品, 尤其是机电产品, 这些产品的附加值远远超过了那些初级产品及简单加工产品, 产品贸易结构优化, 加之我国自主创新能力的不断提高, 这些出口产品具有越来越多的自主知识产权, 这样就不再需要支付给国外大笔技术引进费用, 这些出口企业因此不需要以压低工资为代价保证自己的利润, 从而可以按照工人的贡献支付工资。同时这些资本和技术密集型产品的大量生产带动了企业的技术升级, 使这些出口企业的生产率逐步提高并超过内销企业。资本和技术密集型出口企业的增长带动了整个出口企业的生产率和工资水平的增长, 当其超过内资企业时出口对劳动收入份额就具有积极作用了。这从表 6.14 中可以看出。

　　表 6.14 是制造业行业出口企业和内销企业 1998 ~ 2007 年的人均工资和劳动收入份额情况, 这里我们把有过出口交易记录的企业定义为出口企业, 从未有过出口交易记录的企业定义为内销企业。限于篇幅, 这里挑选 1998 年、2002 年、2007 年三个代表性年份。从表 6.14 中显示的情况看, 我国出口工业企业人均工资、人均增加值、劳动收入份额在大多数行业均超过内销

企业。这充分说明我国制造业出口企业在这个时间里技术水平超过了内销企业，并且具有相当的自主知识产权，只有这样才有足够的收入给工人支付相对于内资企业高得多的工资，这有利于劳动收入份额的提高。

表 6.14　　　　出口企业与内销企业工资与劳动收入份额情况

行业	年份	出口企业人均工资（千元）	内销企业人均工资（千元）	出口与内销企业工资比	出口企业人均增加值（千元）	内销企业人均增加值（千元）	出口企业劳动收入份额	内销企业劳动收入份额
电气机械及器材制造业	1998	14.06	10.94	1.29	45.06	35.83	0.31	0.31
	2002	22.55	17.44	1.29	72.88	62.53	0.31	0.28
	2007	43.22	44.08	0.98	122.68	160.87	0.35	0.27
纺织服装、鞋、帽制造业	1998	12.80	12.56	1.02	25.38	27.91	0.50	0.45
	2002	14.00	13.58	1.03	27.75	31.95	0.50	0.42
	2007	26.66	27.81	0.96	50.64	62.93	0.53	0.44
纺织业	1998	8.91	7.50	1.19	19.96	18.12	0.45	0.41
	2002	14.03	12.07	1.16	34.97	31.85	0.40	0.38
	2007	27.94	27.15	1.03	74.26	78.73	0.38	0.34
非金属矿物制品业	1998	10.53	7.68	1.37	29.55	20.10	0.36	0.38
	2002	13.55	11.39	1.19	40.14	34.77	0.34	0.33
	2007	29.75	27.63	1.08	101.84	112.44	0.29	0.25
工艺品及其他制造业	1998	12.14	8.91	1.36	26.54	26.79	0.46	0.33
	2002	13.59	12.89	1.05	31.29	36.29	0.43	0.36
	2007	25.46	32.32	0.79	56.00	95.09	0.45	0.34
黑色金属冶炼及压延加工业	1998	13.91	10.38	1.34	39.31	27.46	0.35	0.38
	2002	24.13	18.61	1.30	88.79	61.36	0.27	0.30
	2007	62.28	51.53	1.21	338.10	256.95	0.18	0.20
化学纤维制造业	1998	12.78	8.14	1.57	52.26	36.06	0.24	0.23
	2002	18.93	17.42	1.09	68.51	71.47	0.28	0.24
	2007	33.78	40.53	0.83	200.56	167.88	0.17	0.24

续表

行业	年份	出口企业人均工资（千元）	内销企业人均工资（千元）	出口与内销企业工资比	出口企业人均增加值（千元）	内销企业人均增加值（千元）	出口企业劳动收入份额	内销企业劳动收入份额
化学原料及化学制品制造业	1998	12.20	8.64	1.41	37.32	27.27	0.33	0.32
	2002	19.86	15.36	1.29	74.73	53.69	0.27	0.29
	2007	46.98	40.88	1.15	218.76	181.67	0.21	0.23
家具制造业	1998	13.95	11.22	1.24	34.39	31.58	0.41	0.36
	2002	17.27	15.07	1.15	41.99	42.18	0.41	0.36
	2007	29.49	34.30	0.86	58.20	95.51	0.51	0.36
交通运输设备制造业	1998	14.98	9.81	1.53	42.37	27.01	0.35	0.36
	2002	29.11	17.51	1.66	99.71	52.62	0.29	0.33
	2007	49.75	41.21	1.21	183.25	161.01	0.27	0.26
金属制品业	1998	12.37	10.81	1.14	32.52	32.10	0.38	0.34
	2002	18.94	16.37	1.16	49.59	49.39	0.38	0.33
	2007	38.40	38.81	0.99	98.58	124.72	0.39	0.31
木材加工及木、竹、藤、棕、草制品业	1998	11.41	7.15	1.60	33.69	23.60	0.34	0.30
	2002	17.35	12.99	1.34	41.07	43.18	0.42	0.30
	2007	31.60	30.48	1.04	90.06	101.78	0.35	0.30
农副食品加工业	1998	14.81	11.77	1.26	49.72	37.19	0.30	0.32
	2002	16.77	20.46	0.82	65.16	68.91	0.26	0.30
	2007	43.13	47.15	0.91	146.29	193.13	0.29	0.24
皮革、毛皮、羽毛（绒）及其制品业	1998	13.82	10.46	1.32	26.44	30.04	0.52	0.35
	2002	16.27	13.39	1.22	30.97	41.53	0.53	0.32
	2007	25.72	29.80	0.86	48.99	80.28	0.53	0.37
石油加工、炼焦及核燃料加工业	1998	17.59	12.35	1.42	79.63	63.66	0.22	0.19
	2002	30.66	22.35	1.37	211.26	145.65	0.15	0.15
	2007	91.17	48.57	1.88	664.78	343.23	0.14	0.14

续表

行业	年份	出口企业人均工资（千元）	内销企业人均工资（千元）	出口与内销企业工资比	出口企业人均增加值（千元）	内销企业人均增加值（千元）	出口企业劳动收入份额	内销企业劳动收入份额
食品制造业	1998	13.10	10.78	1.22	43.20	33.59	0.30	0.32
	2002	16.74	15.98	1.05	63.57	53.00	0.26	0.30
	2007	41.57	35.42	1.17	146.76	136.45	0.28	0.26
塑料制品业	1998	15.19	10.96	1.39	41.30	33.13	0.37	0.33
	2002	17.53	15.58	1.13	49.52	52.56	0.35	0.30
	2007	30.11	33.44	0.90	79.59	112.20	0.38	0.30
通信设备、计算机及其他电子设备制造业	1998	20.85	13.21	1.58	76.06	52.27	0.27	0.25
	2002	36.15	25.41	1.42	127.46	87.91	0.28	0.29
	2007	55.35	39.61	1.40	141.06	114.38	0.39	0.35
通用设备制造业	1998	10.53	8.01	1.32	25.53	20.02	0.41	0.40
	2002	18.41	13.93	1.32	52.46	37.87	0.35	0.37
	2007	42.87	35.61	1.20	132.97	116.75	0.32	0.31
文教体育用品制造业	1998	11.60	10.03	1.16	23.56	24.78	0.49	0.40
	2002	13.94	12.98	1.07	26.96	30.81	0.52	0.42
	2007	24.65	24.89	0.99	42.85	62.39	0.58	0.40
橡胶制品业	1998	11.60	8.07	1.44	33.35	22.00	0.35	0.37
	2002	16.51	13.11	1.26	55.85	40.39	0.30	0.32
	2007	32.84	29.67	1.11	108.56	110.88	0.30	0.27
烟草制品业	1998	27.80	13.69	2.03	774.14	177.42	0.04	0.08
	2002	51.09	24.63	2.07	1125.06	286.10	0.05	0.09
	2007	87.91	56.23	1.56	2264.33	870.18	0.04	0.06
医药制造业	1998	13.74	12.07	1.14	45.51	42.93	0.30	0.28
	2002	21.82	18.84	1.16	78.09	81.28	0.28	0.23
	2007	42.51	39.15	1.09	170.94	170.25	0.25	0.23

续表

行业	年份	出口企业人均工资（千元）	内销企业人均工资（千元）	出口与内销企业工资比	出口企业人均增加值（千元）	内销企业人均增加值（千元）	出口企业劳动收入份额	内销企业劳动收入份额
仪器仪表及文化、办公用机械制造业	1998	16.25	8.55	1.90	34.90	24.37	0.47	0.35
	2002	20.55	16.44	1.25	52.56	49.22	0.39	0.33
	2007	42.33	41.82	1.01	98.96	133.21	0.43	0.31
饮料制造业	1998	15.38	9.25	1.66	84.66	44.39	0.18	0.21
	2002	20.18	13.09	1.54	141.39	66.45	0.14	0.20
	2007	47.01	33.51	1.40	293.99	163.48	0.16	0.20
印刷业和记录媒介的复制	1998	14.55	10.03	1.45	43.16	28.81	0.34	0.35
	2002	20.28	14.99	1.35	57.45	50.45	0.35	0.30
	2007	31.26	30.70	1.02	79.76	103.83	0.39	0.30
有色金属冶炼及压延加工业	1998	12.25	11.34	1.08	29.04	34.53	0.42	0.33
	2002	19.40	19.75	0.98	59.35	65.17	0.33	0.30
	2007	57.25	50.12	1.14	275.24	301.80	0.21	0.17
造纸及纸制品业	1998	11.61	8.28	1.40	36.84	25.45	0.32	0.33
	2002	18.79	12.99	1.45	86.01	41.88	0.22	0.31
	2007	34.55	30.78	1.12	162.32	115.48	0.21	0.27
专用设备制造业	1998	7.96	7.56	1.05	19.05	18.39	0.42	0.41
	2002	16.46	14.05	1.17	43.06	38.09	0.38	0.37
	2007	42.08	36.85	1.14	121.19	121.34	0.35	0.30

资料来源：中国工业企业数据库。

6.3.3.3 进一步讨论

制造业各细分行业国有化程度有较大区别，考虑企业异质性因素，为检验以上结果，下面引入制造业各细分行业企业国有化程度进行分析。

加入国有化率的因素进行考察，下文将作为新的解释变量加入回归模型，即：

$$\ln(share)_{it} = a_0 + a_1 exp_{it} + a_2 FDI_{it} + a_3 \ln\left(\frac{K}{L}\right)_{it} + a_4 gyhl_{it} + \varepsilon_{it}$$

其中，$gyhl_{it}$ 表示各细分行业的国有化程度，数据来源于中国工业企业数据库。根据以上回归模型，对面板模型进行回归，根据豪斯曼检验，我们采用固定效应回归结果，估计结果见表 6.15：

表 6.15 制造业细分行业回归结果（2）

解释变量	被解释变量
exp	-0.1728^{***} (-4.58)
FDI	-0.4110^{***} (-3.36)
$\ln(K/L)$	0.6485^{***} (8.45)
$gyhl$	-0.5128^{***} (-5.95)
F 或 Wald	156.91^{***} $[0.000]$
R^2	0.7242
N	270

注：*** 表示在 1% 的水平上显著、** 表示在 5% 的水平上显著、* 表示在 10% 的水平上显著；检验量下方（）内是 t 值、［］内是 P 值。

如表 6.15 所示，从回归结果可见，国有化率系数为 -0.5128，对劳动收入份额具有显著的正向作用。国有企业的劳动力市场属于内部劳动力市场，其具有正式编制的工人相对比较固定，平均工资较高。从上章表 5.4 可见，国有企业的平均工资仅次于外资企业。

加入国有化率因素后，出口对资本相对劳动收入份额的影响仍为负值，出口的系数由 -0.1141 变为 -0.1728，FDI 的系数由 -0.7096 变为 -0.4110，得到的结果和稳健性一致。控制了国有化率因素后，1998～2007

年间制造业层面，经济开放引致的偏向型技术进步对劳动收入份额的影响结果稳健。

6.4 本章小结

本章主要是在前文理论模型及定性分析的基础上，检验了对外开放因素对技术进步的偏向性的影响，以及资本偏向型技术进步对劳动收入份额的影响，同时检验了导致偏向型技术进步的诸因素对劳动收入份额的影响。

从省际和行业角度的检验结果均证明资本偏向型技术进步对劳动收入份额具有负面影响。从要素对产出的贡献分配收入的角度看，资本偏向型技术进步大大增加了资本要素在生产过程中的贡献比例，这样资本自然要索取更多的报酬。从政府政策导向看，我国在资本要素短缺的前提下为了保证工业化战略的推进，确立了重资轻劳的政策，这一政策至今没有根本改变，它同样不利于劳动收入份额的提升。

在对外开放引致的资本偏向型技术进步对劳动收入份额的影响方面，就全国而言，改革开放以来贸易对劳动收入份额的影响是负面的。其原因是工业化发展战略下，我国贸易规模、进出口贸易产品结构变化、贸易对象国特征等，在要素替代弹性较小的情况下，导致技术进步偏向资本，最终的结果是劳动力相对地位和劳动收入份额的不断下降。随着刘易斯拐点的到来，以及我国制造业的转型升级，技术进步开始偏向于劳动。从外资的效应看，我国外资的进入有利于劳动收入份额的提高。其原因是尽管我国外资进入的总体规模有限，但分布集中，外资主要进入东部地区的工业部门，其在该部门带动的就业需求十分可观。这样在东部地区的工业部门，外资企业与内资企业形成了劳动力竞争性需求关系，外资企业生产效率比较高，有能力支付更高的工资，总体上有利于劳动收入份额提高。即外商直接投资的"工资竞争效应"大于"技术租金效应"。从制造业实证检验来看，对外开放因素引致了劳动偏向型技术进步，对我国劳动收入份额提高起到了积极作用。近几年，我国制造业的出口企业取得了较好的发展，生产技术不断进步，产品的自主知识产权也不断增长，其效益好于内销企业，并且有能力支付给工人更高的工资，这样就有利于劳动收入份额的提高，如果出口企业这种趋势继续发展，并且能够扩展到内资企业，对工业部门劳动收入份额的止跌回升具有促进作用。

第 7 章

结论和政策建议

7.1　主 要 结 论

本书首先通过对相关文献的梳理概括，定义偏向型技术进步及其偏向性程度划分，讨论技术进步偏向性存在类型，重点通过数理模型探讨偏向型技术进步的形成机制。构建资本与劳动要素之间的技术进步内生化模型，分析技术进步的偏向性的形成机制，及其对要素收入分配的影响作用。通过分析经济开放的代表变量：出口、进口、外商直接投资，测算全国层面、省际层面及行业层面的技术进步偏向度，同时测算各个层面的劳动收入份额的情况，考察了我国全国层面、省际区域层面及以制造业为代表的行业层面的经济开放情况、技术进步偏向情况及劳动收入份额的演变趋势。在实证分析方面，将生产要素区分为资本与劳动，首先从对外开放是否引致了技术进步的偏向性进行实证检验；然后从偏向型技术进步和要素收入分配关系角度，进行实证检验；最后为了检验经济开放因素引致技术进步偏向发生的明显变化，并且对劳动收入份额发挥的重大作用，利用技术内生化机制建立实证模型，分析经济开放条件下技术进步偏向对劳动收入份额的影响机制。综合本书各个章节的分析研究得出以下主要结论：

（1）我国生产要素总体上是互补的，技术进步偏向资本。

本书借鉴雷钦礼（2013）的方法，利用 1978～2014 年省际面板数据、中国工业企业年鉴数据、中国工业企业数据库数据，分别测算了全国、各省区市、制造业及制造业细分行业的要素替代弹性。实证估计结果表明：全国层面资本与劳动替代弹性的估计值为 0.4539，显著小于 1；东、中、西部地区替代弹性估计值分别为 0.6149、0.4742、0.5546，我国各省份要素替代弹性也均小于 1；制造业资本与劳动替代弹性的估计值 0.597，显著小于 1，各细分行业绝大部分行业替代弹性也小于 1。我国生产要素总体上看是互补的。另外，全国及东、中、西部技术进步偏向度测算的结果均证实我国技术进步偏向于资本。

（2）在替代弹性较小的前提下，我国贸易规模、贸易产品结构的改变，使我国技术进步偏向资本，进而导致劳动收入份额下降。

我国改革开放以来，贸易规模不断扩大，对外贸易依存度增加，进出口贸易产品结构发生了变化，我国进口的劳动密集型产品比重下降，资源密集型产品进口比重上升；而资本密集型产品出口比重不断上升，出口的劳动密集型产品比重 1994 年来不断下降。我国出口主要产品虽然是资本密集型产品，但实际上，改革开放以来的较长一段时期，我国的出口大部分来自跨国公司，外资利用我国廉价劳动力进行产品加工，而后出口。表面上看我国出口的资本密集型产品在增加，实际上我们处于国际分工的低端，出口仍然是"劳动密集型产品"为主。但近年来，随着制造业的转型升级，制造业的出口产品的结构真正得到了改善，出口企业技术水平提升，出口产品升级，资本及技术密集型产品出口增加。我国贸易对象主要是发达国家（地区），但近年来与新兴经济体的贸易有所上升，但仍以发达国家（地区）为主。

本书利用历年各省份统计年鉴，对国际贸易、FDI 对技术进步偏向度进行了回归，结果显示 1979～2014 年间，国际贸易、FDI 对我国资本偏向型技术进步有显著的正向作用，对外开放引致了我国资本偏向型技术进步。同时根据前文理论模型考虑到近年来我国劳动力供给从过剩到不足、产业结构出现升级等特征会影响技术进步偏向，本书分时段进行考察，发现 1979～2007

年，国际贸易对资本偏向型技术进步有显著的正向作用；2008～2014年间，国际贸易对资本偏向型技术进步变成显著的副向作用。其作用机理如下：改革开放以来的较长一段时间，从与发展中国家的贸易来看，我国与发展中国家的贸易开放提高了资本密集型产品的国内价格；同时，我国从发展中国家进口劳动密集型产品，由于我国农村存在大量的剩余劳动力，在劳动力供给过剩的情况下，劳动密集型产品的价格不受影响，在这种情况下与发展中国家的贸易引发了相对较弱的劳动偏向型技术进步。另一方面，我国处于国际分工的低端，出口仍然是"劳动密集型产品"为主。与发达国家的贸易会降低资本密集型产品与劳动密集型产品的相对价格，在替代弹性小于1的情况下，引致了较强的资本偏向型技术进步，进而对劳动收入份额起到负面的作用。两种力量作用之下，我国对外贸易表现出来的是对资本偏向型技术进步起正向影响，劳动收入份额下降。

近年来，随着刘易斯拐点到来，我国农村大量剩余劳动力消失，劳动力成本上升，从发展中国家进口劳动密集型产品会降低我国劳动密集产品的价格，引致较强的劳动偏向型技术进步；我国制造业开始转型升级，出口产品的结构得到改善，出口企业技术水平提升，出口产品升级，真正意义上的资本密集型产品出口增加，与发达国家的贸易引致了相对较弱的资本偏向型进步，两种力量作用之下，我国对外贸易表现出来的是对资本偏向型技术进步起负向影响，劳动收入份额有所回升。

（3）FDI的大量引进，并主要投向了工业部门的劳动密集型行业。

利用省际面板数据及中国工业企业数据库数据，发现1983～2014年间各个层面FDI对资本相对收入份额有显著的副作用。我国引进外商直接投资的导向是技术引进，希望把外资企业的先进技术和管理经验引入中国。但事实上，FDI主要投向主要还是集中于工业部门的劳动密集型产业。利润驱动下，外资企业往往引进先进的设备和流动性充足的资本，雇佣当地非熟练劳动力进行生产加工，带来的技术进步在很大程度上属于资本偏向型技术进步，从而一定程度上降低了劳动收入份额。另一方面，我国外资的进入有利于劳动收入份额的提高的一面。其原因是尽管我国外资进入的总体规模有限，但分布集中，外资主要进入东部地区的工业部门，带动的就业需求十分可观。在东部地区的工业部门，外资企业与内资企业形成了劳动力竞争性需求关系，由于外资企业生产效率比较高，为获得所需劳动力而支付较高的工资，总体上有利于劳动收入份额提高。但由于其与中国经济总量相比规模过小，不足以完全逆转劳动收入份额的下降趋势。我国外资对劳动收入份额起到促进作用，这是"负的技术租金效应"与"正的工资竞争效应"的共同作用的结果。

（4）我国各区域省份经济开放的不同，导致了技术进步偏向的差异，进而影响其劳动收入份额的演变。

经济开放对东部地区影响最大，主要原因是全国的进出口大部分来源于东部地区，而中西部地区对外贸易相对落后。我国的对外贸易主要集中于东部地区，东部地区庞大的进出口流量自然也就会产生比中西部地区更大的总体影响。中部地区出口贸易对劳动收入份额的影响更加明显，主要是由中部地区的产业结构与出口结构决定，中部地区工业产出占总产出的比重最高，农业和第三产业都没有东部地区发达，那么工业产品自然就成为出口的主打产品，这意味着中部地区出口的劳动密集型产品比其他地区高。因此，尽管中部地区出口总量无法与东部地区相提并论，但是单位出口量对劳动收入份额的抑制作用却要强于东部地区。而西部地区由于经济发展总体水平十分落后，贸易规模极为有限，因此贸易对西部地区劳动收入份额的影响有限。总体上，国际贸易开展会通过资本偏向型技术进步，对东部地区劳动收入份额产生负向的作用，中部地区次之，西部地区最弱。

同时，东中西部地区实际外商直接投资很不平衡，呈现出明显的"东高西低"。实证检验表明，东中部地区外商直接投资的影响与全国类似，对资本相对收入份额起负向作用，且通过了显著水平为1%的检验，西部地区FDI的系数为正，但不显著，这与我国的实际利用外资情况有关。我国东部和中部地区的投资环境比较有利，因此外资的进入主要集中于这两个地区，尤其是东部地区。而从行业视角看，外资目前又都集中于工业部门。正如前文所述，"正的工资竞争效应"有助于劳动收入份额的提高，特别是中部地区外资的影响更加明显，说明中部地区外资企业与内资企业的工资水平差距更大。西部地区的情况则正好相反，虽然在西部大开发战略下，西部地区几年来实际利用外资比例有所上升，但与东中部地区相比仍然较小，产生的"正的工资竞争效应"也较小。甚至于，考虑到西部地区农业占国民经济的比重仍然比较高的事实，西部地区剩余劳动力仍然比较多，外资企业有可能以低于内资企业的工资水平吸引这些剩余劳动力就业。

（5）21世纪以来我国出口企业的出口结构发生了比较大的变化，资本密集产品出口比重增加，技术水平的提升和出口产品的升级使其技术进步开始偏向劳动。

本书利用中国工业企业数据库数据，通过内生化技术进步模型对制造业细分行业进行了实证分析，发现1998~2007年间我国制造业行业出口对劳动收入份额具有积极作用，这与全国层面改革开放以来的总体情况存在明显差异。近十几年，我国制造业的出口企业取得了较好的发展，其出口对劳动收入份额的积极作用源于出口企业技术水平的提升和出口产品的升级，前文分析可知近年我国出口增长最快的是资本及技术密集型产品，尤其是机电产品，这些产品的附加值远远超过了那些初级产品及简单加工产品，加之我国自主创新能力的不断提高，这些出口产品具有越来越多的自主知识产权，这样就不再需要支付给国外大笔技术引进费用，这些出口企业因此不需要以压低工资为代价保证自己的利润。同时这些资本和技术密集型产品的大量生产带动了企业的技术升级，使这些出口企业的生产率逐步提高并超过内销企业。资本和技术密集型出口企业的增长带动了整个出口企业的生产率和工资水平的增长，这样就有利于劳动收入份额的提高。同时，从外商直接投资来看，我国引导外商直接投资于技术密集型行业导向有一定的成效，再加上近年来制造业整体技术水平提高，对人力资本需求增长，导致了制造业的外商直接投资对资本偏向型技术进步产生负向作用，有利于制造业部门劳动收入份额的上升。如果出口企业这种趋势继续发展，并且能够扩展到内资企业，对劳动收入份额的止跌回升具有促进作用。

7.2 政 策 建 议

本书对经济开放引致的偏向型技术进步，进而影响要素收入分配等问题的理论分析，以及我国全国层面、省际区域层面及行业层面的实证检验，不仅分析了对外开放引致资本偏向型技术进步的作用机理，表明在中国经济整体发展上技术进步具备资本偏向特征，同时考察了技术进步的偏向性对劳动收入份额的影响。随着资本的进一步深化，技术进步偏向资本的特征可能会导致资本要素有更高的生产率，获得更高的收入份额，而使劳动力收入分配地位的持续恶化，拉大资本与劳动之间的收入差距。尽管我们从不同层面、不同视角研究对外开放条件下偏向型技术进步与劳动收入份额的问题，但我们得到的政策含义是内在一致的。

（1）优化产品贸易结构。鼓励企业积极实现技术创新，引导企业投向技术密集型行业，提升劳动力质量，把我国长期以来的劳动力数量优势转化为劳动技术优势，从而不仅能保持我国传统劳动密集型产品在国际市场上的份额，更能加大技术密集性产品的出口。由于我国目前对外贸易总量中有近一半是由加工贸易来承担的，通过提高加工深度，延长国内增值链，提升加工贸易的附加值与产业关联度可以有效优化进出口商品结构。从近年来制造业的转型升级，出口产品技术含量提升，对人力资本需求增长，引发劳动偏向型技术进步，提升了制造业劳动收入份额的事实可见，优化产品贸易结构，提升出口产品技术含量，在国际分工供应链中实现从低端到中高端的升级，可促进劳动偏向型技术进步的发展，进而提高我国劳动收入份额。

（2）合理利用外资，实行优质 FDI 的准入政策。改革开放以来我们采取了以市场换技术的战略，强调技术创新，目的在于从国外引进先进的技术和管理经验。但是，许多外资对于东道国的发展并没有好处，比如破坏环境、掠夺资源、压低劳动成本、损害劳动者福利等，无导向的技术进步不一定是好的。所以要通过国家政策对流入我国的 FDI 进行引导，建立外资评级和风险补偿机制，有选择甄别引进，实行优质 FDI 的准入政策，抵制资源与环境寻求型外商直接投资进入国内，借助外资来提高我国整体的资本深度，加快技术发展速度。另外要根据地区差异合理引导外商直接投资。从前文分析看，外商直接投资在西部地区作用不显著，西部地区经济技术相对落后、就业压力较大，应把创造就业岗位作为引进外商直接投资的主要目标之一，在制定区域投资政策时，应注重对中部和西部优惠政策的制定和实施，加快中、西部地区开发本地市场和加快基础设施建设，以吸引更多的 FDI 流向中西部。以加速西部地区的经济发展，带动就业水平提高，提高劳动者收入。再者结合行业特征引导 FDI 投向于资本及技术密集型行业，一方面通过其对高新技术行业的投资，能真正带来先进的技术；另一方面，能增加对人力资本的需求，使技术进步更多的偏向于劳动使用，进而增加劳动收入份额。

（3）加强自主创新，改变技术进步模式。改革开放以来我国"以市场换技术"的战略，目的在于引进先进的技术，但是单一的引进并不能带来国外最先进的技术，无法掌握核心技术，应该转变技术进步模式，引进的同时更要吸收创新。增强自主创新能力，强化企业在技术创新中的主体地位，尤其是鼓励中小企业创新。支持科技型中小企业建立研发机构，推动企业间协同创新，鼓励高等院校和大型企业开放创新资源，通过完善相关利益分享、风险共担、人员流动等政策措施，推动产学研结合，引导和支持人才、技术等创新要素向企业集聚。建立财政性科技投入稳定增长机制，财政科技经费重点支持基础研究、前沿技术研究、社会公益性研究和科技基础能力建设等。引导企业和社会增加科技投入，形成政府、企业、社会多渠道的科技投入格局，为我国的技术创新营造良好环境，促进技术进步模式的改进。

（4）发展教育，提高劳动力素质，促进教育管理体制改革。我国应努力提高人力资本的质量，从培养高技术劳动力方面进行提升，建立人才培养机制，鼓励职业技术学校、中专及各类培训机构培养高技能应用型人才，同时整合优质培训资源，利用社会力量开展技能培训，全方位提升劳动力质量，使劳动力质量的提升与国际分工供应链中从低端到中高端的升级相匹配。同时，促进教育管理体制改革，我国集中式的管理使得教育机构特别是培养高素质劳动力的教育机构缺乏自主应对劳动力市场需求变化的能力，导致资源的错配，影响高素质劳动力的有效供给。因此有必要对这种集中式的管理体制进行改革，赋予教育机构更多的自主决策权，让其可以根据高素质劳动力市场需求状况的变化灵活调整教育资源的使用，以使有限的教育资源得到更好的使用，培养出更多符合社会需要的高素质劳动力。

（5）转变经济发展方式。并努力推进发展方式向集约型转变，推进创新型国家建设，推动技术进步由劳动增强型向资本增强型转变。重新审视比较优势理论在我国现阶段的应用，从我国的实践来看，我们发挥比较优势，给发达国家提供了价格低廉的消费品，但事实上发达国家却很少用它们具有比较优势的高新技术来和我们交换。我们在经济发展的最初阶段靠传统的比较优势完成了必要的积累，当下我国经济又取得了一定程度发展，应当立足于自主创新和高级生产要素的培育，及时转变经济发展方式。通过完善市场经济体制，引导经济结构的转变和升级，合理调控资源的有效配置，改善劳动报酬不断下降的状况，进一步促进经济稳定和持续发展。

（6）完善就业政策，改善工资福利制度。劳动者只有通过就业才能获得劳动收入，但随着我国发展水平的提高、产业结构的升级，就业结构失衡现象随之而来。结构性失业现象严重，那么积极完善与转型升级相匹配的就业政策至关重要。转型过程中，要重视中小企业的发展，中小企业劳动密集程度较高，就业方式灵活，就业渠道多样，在转型过程中充分发挥中小企业的作用，对缓解结构性失业有重要的意义。同时，应重视从第一产业、第二产业逐步向第三产业的产业结构升级。以服务为代表的第三产业具有较高的吸纳就业的能力，通过拓宽服务业的就业渠道，吸纳更多劳动力，劳动收入份额将随着服务业的发展而重新回升。另外，还要加快健全以税收、社会保障、转移支付为主要手段的再分配调节机制。防止收入差距过大，保障低收入群体的基本生活，合理提高最低工资标准，提高低收入劳动者的收入水平。这样有助于遏制劳动份额不合理的下降趋势。

7.3 研究展望

本书的研究尚存在若干的不足之处，在未来仍有进一步研究的空间：

第一，本书研究在定义技术进步偏向性时，把技术进步偏向类型划分为资本偏向与劳动偏向。篇幅有限未区分技能偏向型的技术进步进行分析，下一步，将区分熟练劳动力与非熟练劳动力来研究由于对外开放引致的技能有偏型技术进步对他们劳动收入份额的影响。同时，本书的实证检验部分多数为理论模型的检验，可能与现实情况有一定差距，可能会有其他影响因素没有考虑周全。下一步的研究中，继续挖掘模型背后的深层次原因将是至关重要的，这也是本书以后将要努力的方向。

第二，本书在全国及省际层面采用宏观数据考察，微观层面用中国工业企业数据库数据探讨了制造业的情况。本书仅对制造业进行了考察，虽具有一定的代表性，但各行业情况不同，制造业并不能反映我国行业间劳动收入份额变化的全部。但是由于数据可得性的原因，本书没有对其他行业进行分析。随着未来统计和计量技术的进一步发展，下一步将深入研究各行业的演变轨迹，从微观角度对劳动收入份额进行深入分析，这对本研究是一个完善。

参考文献

［1］白重恩，钱震杰，武康平．中国工业部门要素分配份额决定因素研究 ［J］．经济研究，2008（8）：16－28．

［2］白重恩，钱震杰．国民收入的要素分配：统计数据背后的故事 ［J］．经济研究，2009（3）：27－41．

［3］白重恩，等．中国工业部门要素分配份额决定因素研究 ［J］．经济研究，2008（8）：16－28．

［4］白重恩．劳动收入占比降低，症结在行业垄断 ［N］．人民日报，2010－06－01．

［5］蔡昉．中国二元经济与劳动力配置的跨世纪调整——制度、结构与政治经济学的考察 ［J］．浙江社会科学，2000（9）．

［6］陈宇峰，贵斌威，陈启清．技术偏向与中国劳动收入份额的再考察 ［J］．经济研究，2013（6）：113－126．

［7］陈友芳．生产要素禀赋与发展中国家的生产技术选择 ［J］．亚太经济，2009（2）：39－42．

［8］陈晓玲，连玉君．资本—劳动替代弹性与地区经济增长——德拉格兰德维尔假说的检验 ［J］．经济学（季刊），2013（1）：93－118．

［9］戴天仕，徐现祥．中国的技术进步方向 ［J］．世界经济，2010

(11)：54 – 70.

[10] 董直庆，安佰珊，张朝辉. 劳动收入占比下降源于技术进步偏向性吗？[J]. 吉林大学学报（哲学社会科学版），2013 (4)：65 – 74.

[11] 董直庆，戴杰，王林辉. 中国的技术偏向性水平 [C]. 2012 年经济学年会论文，2012 (12).

[12] 冯其云. 贸易开放、技术进步与劳动收入份额 [J]. 财经科学，2013 (5)：115 – 124.

[13] 龚刚，杨光. 论工资性收入占国民收入比例的演变 [J]. 管理世界，2010 (5)：45 – 55.

[14] 郭晗，等. 中国劳动报酬比重的变化规律与变化机制 [J]. 经济经纬，2011 (1)：120 – 124.

[15] 黄琪轩. 大国权力转移与自主创新 [J]. 经济与社会体制比较，2009 (3)：65 – 70.

[16] 黄先海，徐圣. 中国劳动收入比重下降成因分析——基于劳动节约型技术进步的视角 [J]. 经济研究，2009 (7)：34 – 44.

[17] 黄乾，魏下海. 中国劳动收入比重下降的宏观经济效应：基于省级面板数据的实证分析 [J]. 财贸经济，2010 (4)：121 – 127.

[18] 姜磊，张媛. 对外贸易对劳动分配比例的影响——基于中国省级面板数据国际贸易问题的分析 [J]. 国际贸易问题，2008 (10)：26 – 33.

[19] 李稻葵，刘霖林，王红领. GDP 中劳动份额演变的 U 型规律 [J]. 经济研究，2009 (1)：70 – 82.

[20] 李雪辉，许罗丹. FDI 对外资集中地区工资水平影响的实证研究 [J]. 南开经济研究，2002 (2).

[21] 罗长远. 卡尔多"特征事实"再思考：对劳动收入占比的分析 [J]. 世界经济，2008 (11)：86 – 96.

[22] 罗长远，张军. 劳动收入份额下降的经济学解释——基于中国省级面板数据的分析 [J]. 管理世界，2009a (5)：25 – 35.

[23] 罗长远，张军. 经济发展中的劳动收入份额：基于中国产业数据

的实证研究 [J]. 中国社会科学, 2009b (4)：65 – 79.

[24] 李稻葵, 等. GDP 中劳动份额演变的 U 型规律 [J]. 经济研究, 2009 (1)：70 – 82.

[25] 雷钦礼. 偏向性技术进步的测算与分析 [J]. 统计研究, 2013 (4)：83 – 91.

[26] 陆雪琴, 章上峰. 技术进步偏向定义及其测度 [J]. 数量经济技术经济研究, 2013 (8)：20 – 34.

[27] 李思一. 发展中国家技术引进与自主创新的关系 [J]. 国际技术经济研究, 2000 (3)：15 – 22.

[28] 林毅夫, 蔡昉, 李周. 比较优势与发展战略——对东亚奇迹的再解释 [J]. 中国社会科学, 1999 (5)：4 – 11.

[29] 林毅夫, 李永军. 比较优势、竞争优势与发展中国家的经济发展 [J]. 管理世界, 2003 (7)：22 – 27.

[30] 林毅夫, 张鹏飞. 适宜技术、技术选择和发展中国家的经济增长 [J]. 经济学 (季刊), 2006 (4)：985 – 1003.

[31] 潘士远. 贸易自由化、有偏的学习效应与发展中国家的工资差异 [J]. 经济研究, 2007 (6)：98 – 105.

[32] 彭爽, 叶晓东. 论 1978 年以来中国国民收入分配格局的演变、现状与调整对策 [J]. 经济评论, 2008 (2).

[33] 钱晓烨, 迟巍. 国民收入初次分配中劳动收入份额的地区差异 [J]. 经济学动态, 2011 (5)：40 – 46.

[34] 邵敏, 黄玖立. 外资与我国劳动收入份额——基于工业行业的经验研究 [J]. 经济学 (季刊), 2010 (4).

[35] 孙文杰. 中国劳动报酬份额的演变趋势及其原因——基于最终需求和技术效率的视角 [J]. 经济研究, 2012 (5)：120 – 131.

[36] 宋冬林, 王林辉, 董直庆. 技能偏向型技术进步存在吗？——来自中国的经验证据 [J]. 经济研究, 2010 (5)：68 – 81.

[37] 唐东波. 全球化与劳动收入占比：基于劳资议价能力的分析 [J].

管理世界，2011（8）：23 - 33.

[38] 王传荣. 经济对外开放影响劳动就业的机理分析 [J]. 人口与经济，2005（1）.

[39] 伍山林. 劳动收入份额决定机制：一个微观模型 [J]. 经济研究，2011（9）：55 - 68.

[40] 王永进，盛丹. 要素积累、偏向型技术进步与劳动收入占比 [J]. 世界经济文汇，2010（4）：33 - 50.

[41] 王林辉，韩丽娜. 技术进步偏向性及其要素收入分配效应 [J]. 求是学刊，2012（1）：56 - 62.

[42] 王林辉，董直庆，刘宇清. 劳动收入份额与技术进步偏向性 [J]. 东北师范大学学报（哲学社会科学版），2013（3）：33 - 39.

[43] 翁杰，周礼. 中国工业部门劳动收入份额的变动研究：1997 ~ 2008 年 [J]. 中国人口科学，2010（8）.

[44] 徐圣. 中国劳动收入比重变动研究——基于开放经济的视角 [D]. 杭州：浙江大学，2011.

[45] 肖文，周明海. 贸易模式转变与劳动收入份额下降 [J]. 浙江大学学报，2010（9）：154 - 163.

[46] 肖红叶，郝枫. 中国收入初次分配结构及其国际比较 [J]. 财贸经济，2009（2）：13 - 21，45.

[47] 尹今格，雷钦礼. 国内研发、对外开放与偏向性技术进步——以我国工业行业为例 [J]. 当代经济科学，2015（3）：77 - 88.

[48] 杨俊，廖尝君，邵汉华. 经济分权模式下地方政府赶超与劳动收入占比——基于中国省级面板数据的实证分析 [J]. 财经研究，2010（8）：4 - 14.

[49] 殷德生，唐海燕. 技能型技术进步、南北贸易与工资不平衡 [J]. 经济研究，2006（5）：106 - 114.

[50] 张明海. 增长和要素替代弹性——中国经济增长 1978 - 1999 年的实证研究 [J]. 学术月刊，2002（8）：78 - 82.

［51］钟世川. 要素替代弹性、技术进步偏向与我国工业行业经济增长 ［J］. 当代经济科学, 2014（1）: 74 – 81.

［52］张莉, 李捷瑜, 徐现祥. 经济全球化、偏向型技术进步与要素分配份额 ［C］. 2009 年全国博士生学术会议: 全球金融危机、中国的经济增长与宏观稳定, 2009 – 10 – 10.

［53］张莉, 李捷瑜, 徐现祥. 国际贸易、偏向型技术进步与要素收入分配 ［J］. 经济学（季刊）, 2012, 11（2）: 409 – 427.

［54］张杰, 卜茂亮. 中国制造业部门劳动报酬比重的下降及其动因分析 ［J］. 中国工业经济, 2012（5）: 57 – 69.

［55］钟世川, 雷钦礼. 技术进步偏向对要素收入份额的影响——基于中国工业行业数据的研究 ［J］. 产经评论, 2013（9）: 16 – 27.

［56］钟笑寒. 改革时期中国各地区工资演变 ［J］. 清华大学学报（哲学社会科学版）, 2005（3）.

［57］周明海, 肖文, 姚先国. 中国劳动收入份额的下降: 度量与解释的研究进展 ［J］. 世界经济文汇, 2010（6）: 93 – 105.

［58］赵俊康. 我国劳资分配比例分析 ［J］. 统计研究, 2006（12）: 7 – 12.

［59］周申, 杨红彦. 国际贸易、技术变动对我国工业部门劳动收入份额的影响 ［J］. 国际经济贸易探索, 2011（4）.

［60］Arrow K J, Chenery H B, Minhas B S, et al. Capital – Labor Substitution and Economic Efficiency ［J］. The Review of Economics and Statistics, 1961, 43（3）: 225 – 250.

［61］Antras P. Is the US Aggregate Production Function Cobb – Douglas? Estimates of the Elasticity of Substitution ［J］. The BE Journal of Macroeconomics, 2004, 4（1）: 1 – 36.

［62］Glyn A. Functional Distribution and Inequality ［M］//The Oxford Handbook of Economic Inequality. Oxford: Oxford Univ. Press, 2009: 101 – 126.

［63］Acemoglu D. Labor and Capital Augmenting Technical Change ［R］.

NBER Working Paper No. 7544, 2000.

[64] Acemoglu D. When Does Labor Scarcity Encourage Innovation? [J]. Journal of Political Economy, 2010, 118 (6): 1037 – 1078.

[65] Acemoglu D. Directed Technical Change [J]. Review of Economic Studies, 2002, 69 (4): 781 – 809.

[66] Acemoglu D. Changes in Unemployment and Wage Inequality: An Alternative Theory and Some Evidence [J]. American Economic Review, 1998, 89 (5): 1259 – 1278.

[67] Acemoglu D. Technical Change, Inequality, and the Labor Market [J]. Journal of Economic Literature, 2002 (40): 7 – 72.

[68] Acemoglu D. Patterns of Skill Premia [J]. Review of Economic Studies, 2003, 70 (2): 199 – 230.

[69] Bentolila S, Saint – Paul G. Explaining Movements in the Labor Share [J]. Contributions to Macroeconomics, 2003, 3 (1).

[70] Blanchard O. The Medium Run [J]. Brooking Papers on Economic Activity, 1997 (2): 89 – 158.

[71] Blanchard O, Giavazzi F. Macroeconomic Effects of Regulation and in Goods and Labor Markets [J]. Quarterly Journal of Economics, 2003, 118 (3): 879 – 907.

[72] Brown C, Campbell B A. The Impact of Technological Change on Work and Wages [J]. Industrial Relations, 2002, 41: 1 – 33.

[73] Baltagi B, Rich D. Skill-biased Technical Change in US Manufacturing: A General Index Approach [J]. Journal of Econometrics, 2005, 126 (2): 549 – 570.

[74] Decreuse B, Maarek P. FDI and the Labor Share in Developing Countries: A Theory and Some Evidence [R]. Working Paper, GREQAM, University of Aix – Marseilles, 2008.

[75] Diwan L. Debt as Sweat: Labor, Financial Crises, and the Globaliza-

tion of Capital〔R〕. World Bank, Working Paper, Washington, 2001.

〔76〕 David K. Biased Efficiency Growth and Capital – Labor Substitution in the U. S. , 1899 – 1960〔J〕. The American Economic Review, 1965, 55: 357 – 394.

〔77〕 Economists. A Workers' Manifesto for China: How Workers Are Losing Out in China, and Why it Matters to the Rest of the World〔J〕. Economists, 2007, 1: 34 – 57.

〔78〕 Fisher F M. Embodied Technical Change and the Existence of an Aggregate Capital Stock〔J〕. Review of Economic Studies, 1965, 32: 363 – 368.

〔79〕 Gollin D. Getting Income Shares Right〔J〕. Journal of Political Economy, 2002, 110 (2): 458 – 474.

〔80〕 Guscina A. Effects of Globalization on Labor's Share in National Income〔R〕. IMF, Working Papers, 2006, No. 294.

〔81〕 Harrison A E. Has Globalization Eroded Labor's Share? Some Cross-country Evidence〔R〕. UC Berkeley and NBER, Working Paper, 2002 (10).

〔82〕 J R Hicks. The Theory of Wages〔M〕. London: Macmillan, 1932.

〔83〕 Krueger A B. Measuring Labor's Share〔J〕. American Economics Review, 1999, 89 (2): 45 – 51.

〔84〕 Klump R, De La Grandville O. Economic Growth and the Elasticity of Substitution: Two Theorems and Some Suggestions〔J〕. American Economic Review, 2000, 90 (1), 282 – 291.

〔85〕 Klump R, McAdam P, Willman A. Factor Substitution and Factor-augmenting Technical Progress in the United States: A Normalized Supply – Side System Approach〔J〕. Review of Economics and Statistics, 2007, 89: 183 – 192.

〔86〕 Klump R, McAdam P, Willman A. Unwrapping Some Euro Area Growth Puzzles: Factor Substitution, Productivity and Unemployment〔J〕. Journal of Macroeconomics, 2008, 30: 645 – 666.

〔87〕 Kuijis L. How Will China's Saving – Investment Balance Evolve?〔R〕.

Research Working Paper No. 5, 2006: 1 – 32.

[88] Kalleberg A L, Wallace M, Raffalovich L E. Accounting for Labor's Share: Class and Income Distribution in the Printing Industry [J]. Industrial and Labor Relations Review, 1984, 37 (3): 386 – 402.

[89] Kennedy C. Induced Bias in Innovation and the Theory of Distribution [J]. The Economic Journal, 1964, 74: 541 – 547.

[90] Krugman P R. Increasing Returns, Monopolistic Competition, and International Trade [J]. Journal of International Economics, 1979 (9): 469 – 476.

[91] Poterba J M. The Rate of Return to Corporate Capital and Factor Shares: New Estimates Using Revisited National Income Accounts and Capital Stock Data [R]. NBER Working Paper No. 6263, 1997.

[92] Subramanian A. What is China Doing to Its Workers? Business Standard [J]. New Delhi, 2008, 8: 57 – 91.

[93] Samuelson P. A Theory of Induced Innovation along Kennedy – Weisacker Lines [J]. The Review of Economics and Statistics, 1965, 47 (4): 343 – 356.

[94] Sato R, Morita T. Quantity or Quality: The Impact of Labour Sazring Innozrztion on US and Japanese Growth Rates, 1960 – 2004 [J]. The Japanese Economic Review, 2009, 60 (4): 407 – 430.

[95] Sato R. The Estimation of Biased Technical Progress and the Production Function [J]. International Economic Review, 1970, 11 (2): 179 – 208.

[96] Solow R. M. A Skeptical Note on the Constancy of Relative Shares [J]. American Economic Review, 1958, 48 (4): 618 – 631.

[97] Wood A. North – South Trade, Employment and Inequality: Changing Fortunes in a Skill Driven World [M]. Oxford, UK: Clarendon Press, 1994.

[98] Bin X. Endogenous Technology Bias, International Trade, and Relative Wages [M]. University of Florida, 2001.

[99] Bin X. Trade Liberalization, Wage Inequality and Endogenously Deter-

mined Nontraded Goods ［J］. Journal of International Economics, 2003, 60: 417 –
431.

［100］ Young A T. Labor's Share Fluctuations, Biased Technical Change,
and the Business Cycle ［J］. Review of Economic Dynamics, 2004, 7 (4): 916 –
931.

［101］ Young A T. The Razor's Edge: Distortions and Incremental Reform in
the People's Republic of China ［J］. The Quarterly Journal of Economics, 2000,
115 (4): 1091 –1135.

［102］ Zuleta H. Factor Saving Innovations and Factor Income Shares ［J］.
Review of Economic Dynamics, 2008, 11 (4): 836 –851.

后　记

　　本书是在笔者的博士论文的基础上修改而成。四年的博士生涯珍贵又难忘，四年的博士生涯倾注了老师、朋友和家人的关心与帮助。

　　四年来那些珍贵的时光历历在目，名师教诲还在耳畔萦绕。那一年，我离开了两岁的女儿，独自拖着行李箱，怀揣着梦想踏进了中财的大门，我深知再次来到校园学习的机会弥足珍贵，告诫自己且读且珍惜！从此宿舍、图书馆、教室、食堂几乎成了我生活的全部，在不断地困惑与求索中，论文最终得以完成。回首博士学习生涯，时时感慨于自己的渺小和平凡，特别是埋头于文献阅读时，这种感觉更加深刻。每每坐到电脑前梳理文献、获取新知、整理思路、独立思考时，其间的心路历程此刻难以言表，甘苦自知。既有缺失数据时的苦恼，也有面对论证困境时的烦忧，还有思想火花不断闪现时的兴奋不已。然而非常幸运的是，这一路走来，得到了老师们、亲人们，以及身旁同学和好友们的鼓励和支持。正是这些在我身心俱疲时无私的关爱和帮助，使得并不怎么自信的我最终完成了这篇博士论文，这份深深地感动我会一直铭记于心。

　　首先要感谢我的导师张铁刚教授，他是我在经济学领域的引路人和启蒙老师，是他带领我走进了经济学的殿堂，也是他教会了我如何进行一项系统的研究与写作，四年来他教会我的不仅仅是如何做有意义的学术研究，在他身上我学到更多的是一种严谨的治学态度以及对真理孜孜不倦的追求精神。从论文的选题到最终成稿，张老师以鞭辟入里的分析与一针见血的批评使我茅塞顿开，细细回味他的话能使我对研究对象有新的理解。在生活上张老师更是对我呵护有加，总是能急我之所急，想我之所想。多年来的关心与教诲无以为报，谨在此向张老师致以真诚的感谢与崇高的敬意！

感谢邹燕老师，邹老师在我学位论文拟定、撰写、送审及定稿的过程中，都给予了悉心的指导和无私的帮助，不仅反复推敲、字斟句酌地帮我完善论文，而且每次的指点都能让我获益匪浅。能得到邹老师的谆谆教导，实为吾生之幸。

万丈高楼平地起，我今天所拥有的知识都来自各位老师的悉心教导，在此要感谢中财经济学院所有的任课老师，是你们无私地将经济学的基础知识教授给我。另外还要感谢各位同门在生活与学习上给予我帮助，是你们让我明白真挚友谊的可贵。在此谨向你们致以最诚挚的谢意！

最后，感谢家人对我无私的爱与支持，让我心无旁骛，专注学业，祈愿他们身体健康！还要把这篇文章献给我的两个女儿，她们是我奋斗的动力和欢乐的源泉，愿她们健康快乐的成长！

陶敏阳

2017 年 6 月于中央财经大学学院南路校区